Antiquitäten

Botho G. Wagner

Blechspielzeug

Vom Kindheitstraum
zum begehrten Sammlerobjekt

Originalausgabe

Wilhelm Heyne Verlag

München

HEYNE RATGEBER ANTIQUITÄTEN
08/9316

Copyright © 1994 by Wilhelm Heyne Verlag GmbH & Co. KG,
München
Printed in Germany 1994
Redaktion: Elisabeth Blay
Umschlaggestaltung: Atelier Adolf Bachmann, Reischach
Umschlagfotos und Innenfotos: siehe ausführlicher Bildnach-
weis auf Seite 249
Zeichnung auf Seite 143 von Olaf Gulbransson,
aus: Ludwig Thoma, Lausbubengeschichten.
© by Langen Müller Verlag in der F.A. Herbig
Verlagsbuchhandlung GmbH, München
Layout/Herstellung: Andrea Cobré
Lithographie: Fotolito Longo, Frangart
Druck und Bindung: Chemnitzer Verlag und Druck, Zwickau

ISBN 3-453-07721-0

*Vorhergehende Seite:
Sammlerträume in
Blech. Ein Carette-
Panzerschiff
(ca. 1910, 75 cm),
Autos von Bing
(links), Orobr
(Mitte) und Paya.
Spur-I-Eisenbahn-
fahrzeuge von
Märklin und Bing
(Amerikanische E-
Lok und Caboose).*

Inhaltsverzeichnis

Vorwort. 12

Die Frühgeschichte des Blechspielzeugs. . . . 15

Die wichtigsten Sammelgebiete 21

Spielzeugeisenbahnen. 22

    So fing es an 23
    ... und bald fuhr man »richtig« auf Schienen 24
    Genormte Spurweiten – unterschiedliche Baugrößen . . 28
    Die Betriebsarten der Spielbahnen. 30
    Märklin baute die schönsten Reichsbahnmodelle . . . 35
    Die Sahne auf dem Kaffee: schönes Zubehör rund
      um die Bahn 39
    Die Entwicklung der kleinen Modellbahnen 46

Autos und Motorräder 59

    Von der Pferdekutsche zum Formel-1-Rennwagen. . . 60
    Das Spielzeugmotorrad erobert das Kinderzimmer . . . 76

Dampfmaschinen und ihre Antriebsmodelle. 82

Fluggeräte 90

Weltraumspielzeug und Roboter 100

Karussells. 106

Laterna magica – optisches Spielzeug. 110

Mechanische Figuren 115

Pennytoys – Groschenspielzeug. 125

Die Blechwelt der Puppenstuben 130

Blechlandschaften und Burgen. 136

Schiffe 142

Militärspielzeug und Massefiguren 151

Metallbaukästen 158

Tretautos 162

Gibt es noch neues Blechspielzeug? 167

**Das »Who is who« der Blechspielzeug-
industrie** 171

Ratschläge für Sammler 189

Die Sammlerszene 190

    Der Kauf von Privat 190
    Der Flohmarktbesuch im Morgengrauen 192
    Der Vorstadt-Trödler. 193
    Der Antikhandel und der spezialisierte
      Sammlerladen. 193
    Der Sammlermarkt: Treffpunkt am Wochenende . 194
    Auktionen: nicht nur etwas für Reiche 194

Prognosen 196
    Was ist mein Blechspielzeug eigentlich wert? 199

Ein Blick zu den Randgebieten. 202

Echt oder falsch, neu oder alt? 210

    Vom Wert der Replikate 212
    Auch die Fälschung hat ihren Preis! 214

Reparaturtips 216

    Reinigen. 217
    Hilfe, Rost! 218
    Farbausbesserungen 219
    Blecharbeiten. 221
    Ersetzen von Gußteilen 223

Schutz der Sammlungen 224

Auktionen, Börsen und Museen. 229

    Auktionen. 229
    Spielzeugbörsen und -märkte 233
    Museen 236

Anhang 241

Glossar. 242

Bibliographie 247

Bildnachweis 249

Register 250

Dank

Meinem leider viel zu früh verstorbenen Mentor Carl-ernst Baecker danke ich für seine jahrelange Hilfestellung, die sich auch in diesem Buch spiegelt.

Bei Manfred Wehner, Nürnberg, bedanke ich mich für seine vielen Informationen aus der Spielzeugstadt.

Ebenso danke ich allen Spielzeugfreunden, die mir mit Rat und Tat zur Seite gestanden haben.

Das Deckelbild-Sujet eines Geschenkkartons heißt »Jugendeisenbahn«, ein von Märklin stets beachtetes Thema. Die abgebildeten Züge sind keine Verkleinerungen der Originale, sondern Spielzeugbahnen. Die Ausschnitte zeigen Kinder in Erwachsenenfunktionen.

Vorwort

Altes Blechspielzeug sammeln – warum und wie?

Altes Spielzeug – ein verlorener Kindheitstraum? Doch plötzlich wird dieser Traum wieder lebendig, wird zur Wirklichkeit: Da steht das Blechauto oder die Eisenbahn, die wir als Kind so gerne gehabt hätten. Damals haben wir uns am Schaufenster des Spielzeughändlers die Nase plattgedrückt. Aber das Geld hat nicht gereicht ...

Jetzt, viele Jahrzehnte später, steht das ehemals so ersehnte Stück aus der Kinderzeit plötzlich wieder greifbar nahe im Schaufenster eines Antiquitätenhändlers oder auf dem Verkaufstisch eines Sammlers bei einer Spielzeugbörse. Verstohlen, aber liebevoll streicht die Hand über den einstigen Kindheitstraum... ach nein, zu teuer. Und außerdem: sentimentaler Kinderkram.

Nein! Erliegen Sie als gestandener Mann ruhig dieser Versuchung. Ihr Leben wird reicher, heller. Unverhofft kehrt ein Stück Ihrer Jugend zurück und begleitet Sie von nun an durch Ihr ganzes (Sammler-)Leben. Geben Sie der Versuchung nach, Sie werden es nicht bereuen.

Altes Spielzeug ist ein gutes Mittel gegen Streß. »Fragen Sie Ihren Arzt oder Apotheker«, heißt es doch immer so schön in der Arzneimittelwerbung. Spielzeug ist Arznei.

Richtig spielen aber durfte ein echter Mann nicht immer. Im wilhelminischen Zeitalter waren spielende Männer dem Staat oder der Gesellschaft suspekt. Sie mußten sich tarnen – und wohl aus diesem Grund hat man viele schöne Spielzeuge auch mit dem Begriff »Lehrmittel« bezeichnet. Dampfspiel-

12

zeug beispielsweise war und ist »getarntes« Väterspielzeug.

Heute haben es Väter oder auch Mütter einfacher: Schönes altes Spielzeug besitzt in unseren Tagen den Stellenwert einer erlesenen Antiquität und ist somit »gesellschaftsfähig«. Sie lesen es in den Klatschspalten von Unterhaltungsmagazinen, oder Sie finden im seriösen Wirtschaftsblatt den Hinweis, daß auf einer Londoner oder New Yorker Auktion für ein »altes Blechschiff« 100 000 Mark geboten und bezahlt wurden.

Doch keine Angst vor solchen Summen! Blechspielzeugsammler bleiben in der Regel im bürgerlichen Rahmen.

Wie kommt man nun zu einer Entscheidung über sein ganz persönliches Sammelgebiet? Wenn Sie sich jetzt Ihren Kindheitstraum erfüllen, sind Sie Ihren Vorstellungen bestimmt schon ganz nahe. Oder Sie erinnern sich an Ihren ersten Berufswunsch. Wollten auch Sie einmal Lokomotivführer werden, sind Sie mit dem Spielzeugsektor Eisenbahnen sicher gut beraten. Wer das Meer liebt, interessiert sich gewiß auch für die alten großen Überseedampfer. Denken Sie noch gerne an Ihren Schuco-Examico, dann sollten Sie vielleicht Blechautos sammeln. Und wer Pilot werden wollte, für den hängt jetzt der Sammlerhimmel voller Blechflieger.

Bereits an dieser Stelle ein Rat: Grenzen Sie Ihr Sammelgebiet möglichst eng ein. »Generalsammlungen« sind, weil breit angelegt, immer deutlich lückenhaft und befriedigen selten. Solche Sammlungen verschlingen zuviel Geld für Nebensächlichkeiten. Der Wert einer Sammlung wächst mit der Spezialisierung, der Konzentration auf gute Stücke, und nicht mit der Breite.

Vielleicht sollten Sie sich auch auf Ihre ehemalige Lieblingsmarke konzentrieren: Märklin oder Bing, Fleischmann, Lehmann oder Trix, Arnold oder Schuco?

Man kann sich natürlich auch auf einen bestimmten Zeitraum festlegen. So zum Beispiel auf die eigene Jugendzeit, eventuell mit einer Spanne von zehn Jahren; oder gar nur auf das eigene Geburtsjahr. Möglichkeiten zur Eingrenzung gibt es viele.

Dieses Buch will Sie durch die faszinierende Welt des Blechspielzeugs führen. Sie finden hier die erforderlichen Tips für einen relativ problemlosen Einstieg, denn Sie sollen ja möglichst wenig Lehrgeld zahlen. Ganz ohne Lehrgeld wird es allerdings nicht gehen, das ist so im Leben ...

Hier erfahren Sie »Lebenshilfe« für Sammler: Wo kaufe ich? Mit wem und wo kann ich fachsimpeln? Wie finde ich Spezialliteratur für mein engeres Sachgebiet? Wer hilft mir mit Ersatzteilen? Was ist ein Replikat, Tand oder gar eine Fälschung? Und vieles mehr...

Die Erfahrungen des Autors, ein Resümee aus 25 Jahren auf Auktionen, Börsen und Sammlertreffen, nicht nur in Deutschland, begleiten Sie in die ewig junge Welt des Blechspielzeugs.

Botho G. Wagner

Noch eine Anmerkung: Dieses Buch befaßt sich vornehmlich mit dem Blechspielzeug deutscher Hersteller. Ausländische Fabrikate sind nur exemplarisch genannt, die Vielzahl würde ganz einfach den Rahmen sprengen.

Eine Ausnahme bildet allerdings das Kapitel »Weltraumspielzeug und Roboter«, denn hier blieben die Japaner auf dem Weltmarkt nahezu vierzig Jahre unter sich. Und heute ist dieses eigentlich so moderne Gebiet fast schon ein abgeschlossenes Kapitel auf dem Sektor Blechspielzeug.

Bodenläufer der Firma Schoenner, dampfbetrieben, um 1885. Dahinter »Frozen Charlotte«-Puppe mit einem Guß-Jaguar der Marke Prämeta mit Uhrwerkantrieb

Die Frühgeschichte
des Blechspielzeugs

Die allgemeine technische Entwicklung legt das späte 18. Jahrhundert als Zeitpunkt für den Ursprung des Blechspielzeugs nahe. Belegstücke für diese begründete Annahme gibt es noch nicht. Doch zum einen ist dies die Zeit der industriellen Revolution durch die Dampfmaschine (James Watt, nach 1780), zum anderen stand damals bereits Dünnblech zur Herstellung von Bedarfsgegenständen zur Verfügung. Warum sollten die Flaschner der damaligen Zeit nicht auch Spielzeug aus diesem Blech hergestellt haben? Wie der genaue Zeitpunkt, so liegt auch der Entstehungsort noch im dunkeln. Es muß nicht zwangsläufig der Nürnberger oder württembergische Raum gewesen sein. Vielleicht war es sogar Paris.

Vor der späteren industriellen Blechspielzeugherstellung steht die Zeit der Manufakturen (lat. *manu facere* = von Hand machen) mit ihren kleinen Handwerksbetrieben. Die einzelnen Spielzeugteile wurden aus Blechplatten ausgeschnitten, gebogen und zusammengelötet. Die Fertigung beschränkte sich noch auf recht einfache oder »flächige« Stücke. Treibarbeiten waren nur mit dem Hammer möglich. Das änderte sich mit der Entwicklung des Blechdrückens auf der Metalldrückbank um das Jahr 1820. Nun konnte die Herstellung komplizierterer Formen realisiert werden, und um das Jahr 1850 findet man Berichte über den Berufszweig der Metalldrücker im Nürnberger Raum. Einer der ersten Fabrikanten dort war Matthias Hess, seine Firma wurde im Jahr 1826 gegründet.

Nürnberg, später das Zentrum der Blechspielwarenherstellung, stand zu diesem Zeitpunkt noch im

Schatten Württembergs:Rock&Graner (später R&GN) in Biberach an der Riss wurde im Jahr 1813 gegründet und fertigte Blechspielzeug – das ist nachgewiesen – zumindest seit 1837, vermutlich aber schon wesentlich früher. Ebenfalls in Württemberg produzierten Ludwig Lutz in Ellwangen an der Jagst (1845) sowie Gottfried Striebel, auch in Biberach, vor der Zeit um 1850.

Die Firma Märklin in Göppingen nennt zwar offiziell 1859 als Gründungsjahr, doch gab es bereits 1857 Verkaufsanzeigen. Die heute noch bekannten Nürnberger Blechspielzeugfirmen wurden fast alle später gegründet.

Bodenläufer der Firma Schoenner, dampfbetrieben, um 1885, für Kurvenfahrt radial eingestellte Vorderachse. Die Räder sind mit Spurkränzen ausgerüstet, um einen kraftsparenden Lauf zu ermöglichen.

Von einer wirklichen Blechspielzeugindustrie kann man wohl erst um das Jahr 1890 sprechen. Blechspielzeug aus Manufakturen war aufgrund seiner aufwendigen Herstellungsweise sehr teuer und blieb damit für weite Bevölkerungskreise unerschwinglich. Das änderte sich erst mit der industriellen Massenfertigung, vornehmlich durch die Nürnberger Firma Bing, um das Jahr 1895.

Die Voraussetzung dafür schuf die Einführung der Lithographie und der Verlappungstechnik.

Die Lithographie, ein Flachdruckverfahren nach Alois Senefelder (1796 erfunden), erlaubt eine sehr wirkungsvolle und bunte Farbgestaltung des Gegenstandes ohne aufwendige Handbemalung. Die Lithographie wird auf die ungebogene Blechplatte aufgedruckt, dann erst werden die Teile ausgestanzt und gebogen. Bei der Verlappungstechnik sind zur Verbindung der einzelnen Teile untereinander an einem Teil des Blechs Laschen vorgesehen; am anderen Teil dann – genau den Laschen gegenüber – werden Schlitze angebracht. Bei der Montage werden die Laschen dann durch die Schlitze gesteckt und umgebogen – die Verbindung ist fertig. Ohne die Verlappungstechnik, manchmal auch Verzapfung genannt, wäre die Lithographie nicht anwendbar. Denn das früher zur Verbindung der Teile erforderliche Löten würde den bunten Druck verbrennen. Durch den Einsatz der Verlappungstechnik war natürlich auch die Verarbeitung deutlich dünnerer Bleche möglich. Ein weiterer Schritt zur kostensparenden Verarbeitung.

Mit diesen neuen Verarbeitungstechniken legten die Nürnberger Hersteller den Grundstein für ihre spätere marktbeherrschende Stellung bei Massenspielzeug aus Blech, das damit nun auch Arbeiterkindern zugänglich geworden war.

Es gab noch einen weiteren Grund für den Trend zum leichteren Spielzeug: Die meisten Abnehmerstaaten kannten für Spielzeug eine Einfuhrsteuer nach Gewicht. Die Gleichung ist also einfach: Leichteres Spielzeug kostete weniger Einfuhrsteuer.

Märklin blieb länger als andere Firmen bei der »schwereren« Manufakturware, wohl noch beeinflußt durch die Lutz-Muster. Auch später war lithographiertes und verlapptes Spielzeug des Göppinger Herstellers meist eine Spur stabiler, schwerer und galt somit als gediegener. Das ist es, was heute unter Sammlern allgemein als »Württemberger Stil« bezeichnet wird, der demzufolge eigentlich Märklin-Stil heißen müßte. Im Gegensatz dazu steht der sogenannte »Nürnberger Stil«, was in etwa mit dem speziell von Bing geprägten (Billig-)Spielzeugstil zu übersetzen wäre. Das ist keineswegs abwertend zu verstehen. Im Gegenteil, dieser Stil hat einen ganz eigenen Reiz. Außerdem fertigte gerade Bing – und viele andere Nürnberger Hersteller – auch aufwendig handlackiertes Spitzenspielzeug. Man denke nur an die großen Überseedampfer.

Das Uhrwerk machte das Blechspielzeug lebendig, gut dreißig Jahre vor der Spielzeugdampfmaschine. »Uhrwerk« ist ein unter Blechspielzeugfreunden gängiger Begriff, obwohl technisch nicht ganz korrekt. Man versteht darunter gemeinhin den Antrieb durch eine gerollte Flachfeder. Viele Spielzeuge werden aber durch eine spiralförmige Drahtfeder bewegt, wie sie gerade für Lehmann-Blechspielzeug typisch ist. Korrekterweise müßte man also von »Federwerk«-Antrieb sprechen. Belassen wir es aber hier ruhig bei Uhrwerk, da dieser Begriff dem Sammler so geläufig

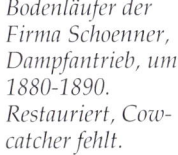

Bodenläufer der Firma Schoenner, Dampfantrieb, um 1880-1890. Restauriert, Cowcatcher fehlt.

ist wie »Tin plate«, das englische Wort für Weißblech (= verzinntes Dünnblech) – der Stoff, aus dem unsere Sammlerträume sind.

In der Spielzeugliteratur wurde erstmals von Jürgen Cieslik eine Anzeige erwähnt, die am 3. März des Jahres 1836 in der Nürnberger »Allgemeinen Polytechnischen Zeitung« erschienen ist. In diesem Inserat bot ein Handelshaus einen »Dampfwagen der Nürnberg-Fürther-Eisenbahn, durch Uhrwerk bewegbar« an. Eisenbahnen waren in Deutschland erst seit dem Jahr 1835 populär. Denn die erste deutsche Bahn verkehrte am 7. Dezember 1835 zwischen Nürnberg und Fürth. So darf man daraus schließen, daß es vorher bereits andere uhrwerkbetriebene Blechspielzeuge gab, Figuren vielleicht oder Schiffe.

Märklin-Lokomotive, Uhrwerk, Spur I, um die Jahrhundertwende.
Eine Art »Tender-Lokomotive«, denn diese Maschine wurde mit einer Kupplung am Führerstand und ohne Tender geliefert.

Die wichtigsten
Sammelgebiete

Spielzeug-
eisenbahnen

Das Geburtsjahr der Modellbahn wird heute allgemein mit 1891 angegeben. Das stimmt aber so nicht ganz. In diesem Jahr betrat zwar die Firma Märklin den Spielbahnmarkt mit ihrer neuen ausbaufähigen Systembahn, und die württembergische Herstellerfirma führte bald danach die noch heute gültigen Spurweiten- und Baugrößen-Bezeichnungen ein. Märklin war aber keineswegs der erste Anbieter schienengebundener Eisenbahnen. Historiker in Sachen Spielbahnen fanden heraus, daß Nürnberger Hersteller bereits lange vor Märklins Leipziger Antritt Spielbahnen »mit Bögen« lieferten: Hess im Jahr 1868, oder auch Issmayer 1879. Ernst Plank zeigte gar schon 1882 eine elektrische Lokomotive, die heute noch zumindest in einem Exemplar existiert. Märklin offerierte 1891 wohl erstmals eine Kreuzung, später kamen Weichen hinzu, vermutlich im Jahr 1892. Das waren Neuheiten. Denn von Nürnberger Produzenten waren bis dahin weder Kreuzungen noch Weichen bekannt.

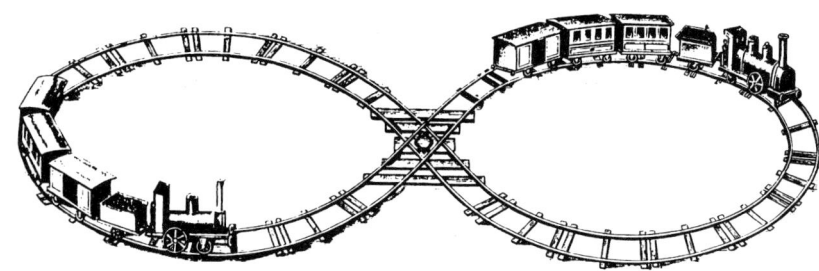

So fing es an ...

Beginnen wir die Zeitreise durch die Welt der Spiel- und Modellbahnen mit Richard Trevithick (1771 bis 1833). Dieser englische Gentleman gilt als Erfinder der Dampf*lokomotive*, des *schienengebundenen* »Zugmittels« also. Sein *Modell* fuhr im Jahr 1797 auf Gleisbahnen in einem Zimmer, und am 21. Februar 1804 bestand Trevithicks »echte« Lok ihre Probefahrt. Es war die erste Lokomotive der Welt auf Schienen. Die ersten Dampflok-*Modelle* waren folglich keine *Spiel*bahnen. Solchen mit Spiritus beheizten Modellen begegnet man vielfach in Technikmuseen. Es handelt sich dabei meist um Vorführmodelle der damaligen Lokomotivfabriken. Um Verkaufsmuster also, zur eindrucksvollen Präsentation an Fürstenhöfen in aller Herren Länder.

Diese Modelle entstanden jedoch auch außerhalb der Lokomotivwerkstätten: Uhrmacher, Instrumentenbauer oder Optiker – sie waren damals die Adressen für feinmechanischen Modellbau – fertigten solche Lokomotiven ebenfalls. Interessant ist, daß Optiker – häufig noch bis in die Zeit nach dem Zweiten Weltkrieg – einen guten Kontakt zur Blechspielzeugindustrie pflegten. Viele Firmenaufdrucke oder Stempel auf alten Spielzeugkatalogen bezeugen die Zusammenarbeit zwischen Optikern und Herstellern von technischem Spielzeug.

Als in Deutschland im Jahr 1835 die erste Eisenbahn zwischen Nürnberg und Fürth verkehrte, kamen sogleich Zinn-Reliefmodelle in den Handel – Nürnberg war schließlich die Stadt der Zinngießer. Den Zinnmodellen folgten bald die heute sogenannten »Bodenläufer« aus Blech, mit oder ohne Federwerk-Antrieb. Der Begriff Bodenläufer definiert den Unterschied zum schienengeführten Fahrzeug. Der Bodenläufer lief auf dem Boden oder ebenso – bei kleineren Modellen – auf dem Tisch.

Es gab auch mit Spiritus beheizte Bodenläufer-Lokomotiven, echte Dampflokomotiven. Streng technisch betrachtet waren dies keine Lokomotiven, sondern Lokomobile, da sie keine Gleise benötigten.

Start der Systembahn: Märklins berühmte »Acht« nach Lutz-Vorbild in der Baugröße I, erstmals gezeigt auf der Leipiger Messe im Jahr 1891.

Bodenläufer hatten oft Spurkränze, um den Rollwiderstand zu verringern, und der schwächliche »Wackelzylinder«-Antrieb (= oszillierender Dampfzylinder, der je nach Lauf der Kolbenstange sich auf und ab bewegte und so den Dampfein- und -auslaß regulierte) schaffte damit ein paar Meter mehr. Diese Erkenntnis gilt natürlich auch für Federwerke. Auch im Zeitalter der digitalen Modellbahn sind Bodenläufer noch nicht ausgestorben. Heute kommen sie meist aus China und sind batteriebetrieben, heulen nach Art der US-Lokomotiven, und der Lokführer neigt sich aus dem Fenster seines Führerstandes. Ein Beispiel lebendiger Spielzeugtradition.

... und bald fuhr man »richtig« auf Schienen

In diesem Abschnitt geht es um die Begriffe »Schiene« und »Gleis«. Das Profil der Führungsvorrichtung bezeichnet man als Schiene. Zwei Stücke davon, oder (bei Mittelleiter-Bahnen) auch drei parallel montiert

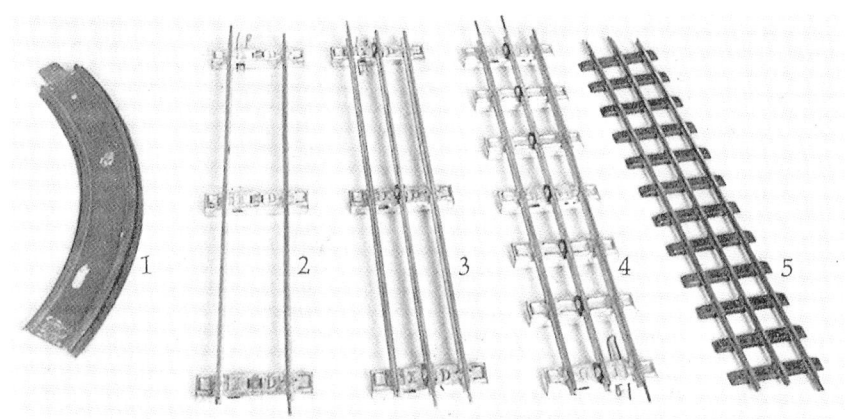

und mit Schwellen quer verbunden, nennt man Gleis. Ein befahrbares Stück jeglicher Länge ist also ein Gleis. Egal, ob realiter oder bei unseren Minibahnen.

Und trotzdem belassen es die Sammler meist bei dem technisch falschen Begriff Schiene. Denn so steht es von Anfang an in allen alten Firmenkatalogen.

Die Nürnberger Firma Schoenner fertigte ab etwa 1880 dampfbetriebene Züge nach US-Vorbild – wie man sie aus den Wildwestfilmen kennt – in mehreren Größen, bis hin zur 115mm-Spurweite. Diese großen Züge konnten nur auf geraden Gleisen fahren. Die Fahrwerke waren starr, obwohl optisch als Drehgestelle ausgeführt. Bogengleise wurden nicht angeboten. Im Katalog heißt es:»Nur für gerades Gleis, da für Kurven zu lang...«

Sehr frühe Spielbahnen fuhren auf»Wulstschienen«, einem Böschungsgleis mit herausgeprägten Wülsten anstelle von separat eingesetzten Schienensträngen. Solche Wulstschienen sind von fast allen Herstellern bekannt, auch von Lutz und somit möglicherweise auch bei Märklin vor dem berühmten Leipziger Messedatum im Jahr 1891.

Dann folgte die jahrzehntelang gebräuchliche »Dreischwellen-Weißblechschiene« aller Spurweiten ab Spur 0, aber auch darunter, mit zwei oder drei Schienenprofilen und drei Schwellen. Das klassische Tin-plate-Gleis also. Das Schienen-Hohlprofil selbst wurde aus Blechstreifen gezogen. Der Durchmesser

des Schienenkopfes betrug bei allen Herstellern und Baugrößen etwa drei Millimeter, die Profilhöhe etwa zehn Millimeter.

Für Uhrwerk- oder Dampfbetrieb wurden Gleise mit zwei Schienen verkauft. Wollte man seine Bahn später elektrifizieren, war dies mit einklippbaren Mittelleitern möglich. Von Nürnberger Herstellern gab es aber auch eine seitliche Stromschiene, die man ebenfalls nachrüsten konnte.

Bei Märklin wurden alle Schwellen waagrecht ausgeführt, die Nürnberger montierten meist schräg verlaufende Schwellen. In Kurven mag dies aufgrund der auftretenden Fliehkraft noch sinnvoll erscheinen, bei den Geraden jedoch war es wohl nur der Spareffekt für den Hersteller.

Die Verbindung der Schienen untereinander erfolgte mit Stiften, die im Schienenkopf eingelötet oder eingeklemmt waren und in den nächsten Schienenkopf eingesteckt werden konnten. Zunächst waren diese Stifte paarweise angebracht. Das führte dazu, daß die Firmen jede Schienenlänge bei Geraden und Bogen einseitig mit zwei Stiften, beidseitig mit je zwei und solche ganz ohne Stifte anbieten mußten. Später

Märklin-Lokomotive, Uhrwerk, Spur I, um die Jahrhundertwende. Im Gegensatz zu den Nürnberger Maschinen dieser Zeit mit der Achsanordnung A1.

ging man auf wechselseitig angebrachte Stifte über und verringerte so das Lager beträchtlich.

Diese Dreischwellenschienen waren nicht sehr stabil. Da die Bahnen meist auf dem Fußboden aufgebaut wurden, genügte ein »Fehltritt« und die Schiene war verbogen. Allein das Gleis der Nürnberger Firma Kraus-Fandor erwies sich als etwas stabiler, denn es hatte vier Schwellen. Die Industrie kannte dieses Ärgernis, und in den zwanziger Jahren wurde Abhilfe in Gestalt von Schienen mit deutlich mehr Schwellen geschaffen. Bei Märklin hatten diese Schienen nun sieben Schwellen statt bisher drei und hießen »Progressschienen«. Auch Bing, Bub und andere Nürnberger Hersteller boten solche stabileren Gleise an. Bei Bing gab es sie sogar mit wirklichkeitsgetreuen Holzschwellen; sie hießen daher »Reformschienen«. Märklin brachte dann das sogenannte »Modellgleis«. Dieses neue Gleissystem bestand aus drei massiven, vernickelten Messingschienenprofilen und zwölf Schwellen aus starkem Stahlblech.

Erstaunlich ist immer wieder die Feststellung, daß schon sehr früh alle nur möglichen Weichen und Kreuzungsformen zur Verfügung standen, bis hin zur DKW, der Doppelkreuzungsweiche. Dem Aufbau einer großen Modellbahnanlage war also damals schon nur die Raumgrenze gesetzt. Und es gab riesige Anlagen!

Bunte Möbeltransportwagen von Märklin, um 1904.

Genormte Spurweiten – unterschiedliche Baugrößen

Bei den alten Bahnen bis in die zwanziger Jahre kann man nicht generell von der Baugröße I sprechen. Denn die einer Spurweite zugeordnete Baugröße war von Hersteller zu Hersteller oft sehr verschieden – je nach anvisierter Kundschaft. Aber auch innerhalb eines Firmensortiments gab es gewaltige Größenunterschiede bei gleicher Spurweite. Grundsätzlich jedoch war ein billigeres Modell kleiner und ein teures größer. Die Baugröße zeigte sich damals also generell vom Preis abhängig und nicht von der Spurweite. An dieses Prinzip hielten sich alle Firmen. Bei Märklin allerdings war ein größeres Fahrzeug dann auch breiter und höher, also voluminöser. Nürnberger Firmen sahen das hingegen oft nicht so eng, allen voran Bing und Kraus-Fandor. Sie bestückten zum Beispiel einen Einheits-Lokomotivkörper, der in seiner Größe irgendwo zwischen zwei Spurweiten lag, mit Fahrwerken für Spur 0 oder I. Diese Praktiken galten aber nur für den Inlandsmarkt. Für den Export lieferten alle Hersteller außerordentlich präzise Modelle. Speziell in England hatte man nämlich für solche Fantasieprodukte wenig Verständnis, und dort waren sie auch nahezu unverkäuflich.

Angesichts dieser Situation sollten wir uns auf den (früher auch alleine verwendeten) Begriff »Spurweite« für Größenangaben bei alten Bahnen einigen.

Als Märklin auf der Leipziger Messe 1891 seine erste Systembahn zeigte, hieß diese noch nicht »Spur I«. Hausintern aber war sie die Urgröße, also die Erste. Als man um 1892 dann auch Bahnen in anderen Größen anbieten wollte, mußte man zwangsläufig kleinere Bahnen numerisch darunter ansiedeln (Spur 0 oder später 00) und größere Bahnen darüber (also Spur II und III). Diese erste hausinterne Märklin-Normung wurde nach einiger Zeit auch von den anderen Herstellern übernommen und später sogar zur Verbandsnorm erklärt. Und das ist bis heute so geblieben.

Es gab aber auch Ausnahmen (zum Beispiel Ernst Plank mit Spur 8) und Zwischengrößen. Die damals

Klassischer Express-Personenwagen von Bing, Spur I, um 1900, mit Dachlüftern für Kerzenbeleuchtung.

wichtigsten Spurweiten sind in der Tabelle auf Seite 30 erfaßt.

Dabei ist jedoch zu berücksichtigen, daß man bis zum Ende der zwanziger Jahre »falsch« gemessen hat und somit heute für jede dieser alten Spurweiten zwei Weitenmaße existieren. Früher wurde von Schienenkopfmitte bis Schienenkopfmitte gemessen. Das ist nur scheinbar technisch richtig. Verwendet man nämlich bei dieser Meßmethode ein Schienenprofil mit *breiterem Schienenkopf*, verringert sich die lichte Weite zwischen beiden Schienen und alle Räder müßten auf

Speisewagen mit Inneneinrichtung von Bing, Spur II, um 1902.

29

ihrer Achse nach innen verschoben werden. Deshalb nimmt man bei (Spielzeug-)Eisenbahnen heute immer die *lichte Weite* zwischen den beiden (äußeren) Schienensträngen als Maß für die Spurweite. Erst um 1930 wurde diese Erkenntnis auch Allgemeingut bei den Modellbahnherstellern.

Die alten Spurweiten im Vergleich

Spur	»falsches« altes Maß	technisch richtiges Maß	Maßstab
0	35	32	1:45
I	48	45	1:32
II	54	51	1:28
IIa*	67	64	1:22
III**	75	72	1:20

* Schoenner, bei Carette und Bing später III oder 3 genannt
** bei Bing IV oder 4 genannt

Da fast alle alten Blechschienenprofile einen Kopfdurchmesser von 3 mm haben, differieren die beiden angegebenen Maße – alt und neu – genau um diese 3 mm (= 2 x 1,5 mm).

Die Betriebsarten der Spielbahnen

Fahren mit »echtem« Dampf

Schon lange vor dem Ersten Weltkrieg spaltete sich die Entwicklung der Spielzeugdampflokomotive in zwei grundlegend verschiedene Fertigungslinien.

Es gab die möglichst einfache und somit »billige« Lokomotive, deren Ausführung allerdings von den Nürnberger Herstellern doch sehr kultiviert wurde. Zu ihnen gehörte die »Storchbein-Lokomotive« mit ihrem großen Antriebsrad – deshalb das hochbeinige Fahrwerk, dem die Lokomotive auch ihren Namen

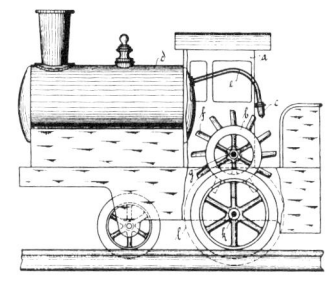

Oben links:
Ein typisches
Nürnberger
»Storchbein«:
Spirituslokomotive
von Bing, Spur 0.

Oben rechts:
Dampfturbine als
Lokomotivantrieb
für eine typische
Storchbein-Loko-
motive: Ein Patent
für Fritz Neu-
meyer, Nürnberg,
aus dem Jahr 1904,
obwohl vorher
schon von Hommo-
la, Zschopau, prak-
tiziert (DRGM
1987).

verdankt – und dem davorliegenden kleinen Stützrad. Auch die sogenannte »Kraftlokomotive«, die nur über einen oszillierenden Zylinder im Führerhaus verfügte, zählte dazu. Hier gelang es, den Aufwand zu minimieren, aber doch noch eine vertretbare Arbeitsleistung (= »Kraft«) zu liefern.

Neben diesen Einfachausführungen gab es eine hochwertige Modelltechnik mit Flammrohrkessel, funktionsfähiger Steuerung, Speisepumpe und aufwendigen Vergaserbrennern. Solche Modelle wurden von den gleichen Nürnberger Fabrikanten oder Märklin in Göppingen gebaut. Mit dem Ersten Weltkrieg ging diese hochwertige Technik in Nürnberg weitgehend verloren, blieb aber in Göppingen bis zum Anfang der dreißiger Jahre erhalten. Solche aufwendigen Maschinen waren nie wirkliches Kinderspielzeug, sie wurden eher zur Erbauung der Väter gekauft. Die wohl letzte echte Dampflokomotive entstand bei Märklin um 1936.

Spielbahnen mit allen Stromarten

Am Anfang der Entwicklung der elektrisch betriebenen Bahnen standen zwei Systeme: der Akku-Betrieb oder der Direktanschluß am Stromnetz.

Der Akkumulator-Betrieb mit sogenannten »Nass-Elemente« war zeitgemäß erforderlich, da es noch nicht überall Strom aus der Steckdose gab. Verbreitet war damals der direkte Anschluß der Bahn an die Lichtleitung – unter Vorschaltung von Glühlampen als Widerstand. Die Lokomotiven fuhren dann mit etwa 50 Volt. Bei diesem System kam es häufig vor, daß die volle Stromspannung an den Schienen lag – und so war sicher so mancher Luftsprung kein Freudensprung ...

Zu Beginn der zwanziger Jahre wurde nach und nach auf rund 20 Volt umgestellt und mit dem 1. Januar 1927 der Spielbahnbetrieb mit Vorschaltwiderstand verboten. Die Märklin-Lokomotivmotoren der dreißiger Jahre wurden bei Wechselstrombetrieb mit einer fernbedienten Schaltwippe umgeschaltet. Dieses System hatte seine Tücken: Stromunterbrechungen führten zu Umschaltungen, und plötzlich fuhr ein Zug nicht mehr vorwärts, sondern rückwärts...

1935/36 präsentierte Märklin dann das sogenannte System 70, den Betrieb mit Gleichstrom und Umschaltung durch Selenzellen. Die Tücken blieben,

Heute ein Sammlertraum: Märklins Anlagenvorschlag aus dem Katalog D5 von 1928. Das Straßenbahngleis in der oberen Bildmitte hat keine Verbindung zur Hauptstrecke.

wenn auch jetzt in anderer Form: Die nur gering belastbaren Selengleichrichter brannten schnell durch, und das 70er-Schaltsystem hatte seinen Spitznamen weg. Den Begriff Gleichrichter identifizierten die Märklinisten mit »Gleichriechter«. Nach dem Zweiten Weltkrieg griff Märklin das Gleichstromsystem nicht mehr auf.

Die ersten Oberleitungsbahnen

Die Geschichte der elektrisch betriebenen Spielbahnen in Deutschland begann 1882 mit Planks 4-Volt-Bahn, die aus der Schiene gespeist wurde. Man fuhr noch recht lange elektrisch – ohne wirkliche Oberleitung. Die baute dann Märklin ab 1903 für den sagenhaften Siemens-Triebwagen, der auf der Militärbahn Marien-

feld-Zossen mit 210 km/h Weltrekord fuhr. Diese Märklin-Nachbildung war wohl die erste (Modell-) Bahn mit echtem Oberleitungsbetrieb. Allerdings folgte diesem Siemens-Modell aus Göppingen keine Oberleitungs-*Lokomotive* mehr für die großen Spuren, vielleicht bis kurz vor dem Zweiten Weltkrieg.

Carette in Nürnberg baute zur Zeit des Marienfelder Rekordtriebwagens bereits seine Oberleitungsstraßenbahnen, jedoch keine Lokomotiven. Möglicherweise wurde auch eine nur per Katalogabbildung bekannte Schoenner-Straßenbahn schon um 1900 mit Oberleitung betrieben. Interessant ist weiter, daß Bing wohl nie eine Oberleitung für echten Betrieb, oder auch nur imitiert, gebaut hat.

Die nächste echte Oberleitungsbahn tauchte erst wieder um 1934 auf. Als Hersteller zeichnete die Firma Kraus-Fandor in Nürnberg. Angeboten wurde ein System in Spurweite 0 mit Oberleitungsbetrieb – und wirklichkeitsgetreuen Uhrwerkschienen, also einem Zweischienengleis.

Um 1935/36 plante Märklin wohl eine Oberleitungsbahn. Jedenfalls findet man im Katalog einen »blinden« Oberleitungsmasten, und der Autor kennt

Straßenbahn von Carette, Spur I. Echter Oberleitungsbetrieb mit Rollenstromabnehmer.

eine CS-Ellok mit werkseitiger Vorbereitung auf echten Oberleitungsbetrieb.

Märklin baute die schönsten Reichsbahnmodelle

Die Reichsbahnmodelle von Märklin aus den dreißiger Jahren, dazu die großen Modelle nach ausländischen Vorbildern, bedeuten für die jüngeren Tinplate-Sammler des Eisenbahnsektors himmlische Spitze.

Warum eigentlich? Es sind doch gar keine wirklichen Modelle im engeren Sinne. Das ist richtig. Aber gerade diese Fahrzeuge zeigen dem Eisenbahnliebhaber mehr von der Bahn als alte und doch wahrhaft historische Stücke in ihrer eher schlichten Art.

Die Märklin-Bahnen der dreißiger Jahre entstanden unter Ausnutzung aller industriellen Möglichkeiten dieser Zeit. Lithographie und Prägungen zeigen die typischen Eigenheiten des Originals ohne Überladung.

Was mit dem heutzutage in Tin-plate-Sammlerkreisen üblichen Begriff »Pseudomodellzeit« angedeutet wird, umreißt den Märklin-eigenen trefflichen Stil, das Vorbild so mit einem Modell zu interpretieren, daß alle Zweifel ausgeschlossen sind. Märklin beherrschte dies zu jener Zeit wie kein anderer Tinplate-Anbieter.

Der Bau des 180cm-Schienenkreises bei Märklin im Jahr 1932 war die Voraussetzung für die Entwicklung bis zum Jahr 1937. Dieses Jahr 1937 steht für die Tinplate-Zäsur bei Märklin. Denn in diesem Jahr wurde die Fertigung der klassischen Spurweite I eingestellt, und danach hat man auch für die kleinere Spurweite 0 keine neuen großen Lokomotiven mehr ins Programm genommen, wohl aber noch einige Wagen.

In dieser Spätphase hatte Märklin wohl noch einige große Modelle in Planung. Das wird einem bewußt, wenn man zu den großen ausländischen Lokomotiven passende Wagen sucht. Sie fehlen.

Wendet man sich nun den Wagen zu, so stehen bei einer Modellbetrachtung die Schnellzugwagen mit den Seriennummern 1941 bis 1945 im Vordergrund. Sie wurden für beide Spurweiten angeboten, der Postwagen allerdings nur für die Spurweite 0. Für die Vorkriegszeit weisen diese Wagen stattliche Längen auf: 57 cm in Baugröße I und 40 cm für Baugröße 0.

Güterwagen gab es in allen nur erdenklichen Varianten. Zwei- und Vierachser, offen oder geschlossen, bunt wie der Bananenwagen oder bretterbraun wie der »Gedeckte«, mit oder ohne Bremserhaus. Tieflader mit Kabelrollen, Plattformwagen mit Autos oder Junkers-Flugzeugen, mit Speditions- oder Zirkuswagen usw. Es fehlte wirklich nichts.

Schneeschleuder von Märklin, Spur I. Das Schaufelrad dreht sich während der Fahrt.

Nach diesem Lobgesang stellt sich die Frage, wo die Mitbewerber geblieben sind.

Bing baute zwar eine Schnellzuglokomotive im 01-Stil, doch hatte diese nur wenig Flair. Der Reichsbahnstil kam bei Bing zu kurz, denn dieser Hersteller schied bereits im Jahr 1932 aus.

Bleibt noch Karl Bub in Nürnberg. Auch diese Firma bot eine 01-Version an: mächtig, solide gebaut und

heute sehr selten. Optisch jedoch recht blaß gegenüber
Märklin. Lange Schnellzugwagen, im größeren Maßstab passend zur Lokomotive, ebenfalls sehr solide gefertigt – aber nach welchen Vorbildern? Hier wurde
viel vermischt, wohl wieder im Hinblick auf den Ex-
portmarkt, wie man dies bei allen Nürnberger Herstellern zur Vorkriegszeit beobachten konnte.

*Teures Ladegut:
Spur-0-Wagen von
Märklin aus den
dreißiger Jahren.*

Wenn also Reichsbahnzeit bei den großen Spuren,
dann bleibt nur Märklin.

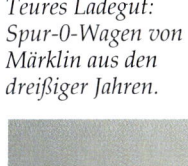

Nach dem Zweiten Weltkrieg nahm Märklin 1945 die Produktion bald wieder auf. Das Programm der nun »großen Spurweite-0« wurde zunehmend ausgedünnt, das der kleinen 00-Bahn sehr rasch erweitert. Die 0-Bahn wurde im Jahr 1954 letztmalig gebaut.

Die Sahne auf dem Kaffee:
schönes Zubehör rund um die Bahn

Man könnte es sogar alleine sammeln – ohne Lokomotiven und Wagen –, so faszinierend ist das Zubehör der alten Blechbahnen. Schöne Stücke, vornehmlich die alten Bahnhöfe, sind oft teurer als die Bahnen selbst. Seltene Exemplare, zum Beispiel Post- und Zollämter von Märklin, bringen auf Auktionen immer wieder neue Preisrekorde.

Auf diesem Tin-plate-Sektor ist das Markendenken weniger ausgeprägt, und so entdeckt man auf den Märklin-Anlagen der Sammler auch Bahnwärterhäuschen von Bing oder Doll und Lampen oder Übergänge von Kibri. So war das schon immer, und das hat auch wieder etwas mit dem »sparsamen« Kaufverhalten der Tanten und Onkel zu tun.

Wenn schon die Hersteller der Tin-plate-Bahnen beim Rollmaterial keinen einheitlichen Maßstab pro Spurweite hatten, so ist diese Gewohnheit beim Zubehör noch extremer zu beobachten.

Vor den dreißiger Jahren bauten viele Hersteller ein Zubehörteil nur in einer Größe, die dann für die Spurweiten I und 0 gleichermaßen »passen« sollte. So sind die Bahnwärterhäuschen meist schon für die Spurweite 0 zu klein ausgefallen und fast alle Bahnsteigwagen, speziell die Buffetwagen, selbst für die schon exotische Spurweite II noch zu groß. Damit wurde damals aber auch richtig gespielt, diese Wägelchen wurden bewegt. Also mußten sie strapazierfähig sein und robust gebaut werden.

An Ideen hat es den alten Herstellern nicht gemangelt. Was zur Fertigungszeit links oder rechts vom Gleis des Vorbildes stand und auch nur in etwa mit der Eisenbahn in Verbindung gebracht werden konnte, wurde auch gebaut.

Zu den seltensten (und demnach auch heute teuren) Zubehörteilen gehören Toiletten. Diese damals »Bedürfnisanstalten« oder »Pissoirs« genannten Örtchen wurden zwar von nahezu allen Herstellern angeboten, aber nur sehr selten gekauft. Das Schamgefühl dieser Zeit obsiegte meist – vornehmlich bei Tanten, wenn sie auf der Suche nach einem Geburtstagsgeschenk für das liebe Kind waren. Es hätte ja an seiner Moral Schaden nehmen können.

Es gab, wie heute auch, Hersteller, die fast ausschließlich Zubehör fertigten. An der Spitze zu nennen Kibri, heute wie damals in Böblingen ansässig, und CABO, Carl Bochmann in Dresden. CABO-Produkte ähneln (ihrem Vorbild?) den Kibri-Erzeugnissen dieser Zeit. Oder gab es da eine Zusammenarbeit? Kibri lieferte an fast alle Eisenbahnproduzenten der Tin-plate-Zeit, bis hin zu Trix und auch Fleischmann, als dieser seine revolutionäre Spur-0-Bahn baute.

Es gab riesige Gitterbrücken von fast modellmäßigem Ausmaß, schön anzusehen, aber äußerst gefähr-

Da freut sich das Kind im Mann: Spielbetrieb mit historischer Spur-0-Bahn.

40

Bahnwärterhaus auf einem Hügel, mit Signal, Läutewerk und Brunnen mit Wasserreservoir. Vor 1904 hergestellt von R&GN (Rock & Graner) in Biberach.

lich für den Betrieb: Wenn der Zug die steile Rampe wieder hinunter fuhr, nahm er richtig Fahrt auf. War er mit einer Uhrwerklokomotive bespannt, kippte der Zug in der nächsten engen Kurve lediglich um, ein kleineres Malheur also. Wurde die Lokomotive aber stilecht mit Dampf betrieben, lief der brennende Spiritus aus. Das war dann meist nicht nur das Ende der Eisenbahn ...

Vor der Verbreitung von Schwachstrom für den Eisenbahnbetrieb wurden zur Beleuchtung der Gebäude und der oft sehr schönen Straßenlampen (Kandelaber) bei – laut Katalog – »billigerer« Ausführung Kerzen eingesetzt oder aber für bessere Stücke »Kaiseröl«, eine gereinigte und wohlriechende Petroleumsorte, wie sie heute ähnlich wieder für Gartenlampen im Handel ist. – Jetzt wissen Sie auch, warum so viele alte Blechbahnhöfe Schmorstellen im Lack der Dächer aufweisen. Es sind Brennstellen der Kerzen.

Große Bedeutung hatte zur Urzeit des Spielbahnwesens das »Centralstellwerk«. Noch zu Beginn des

*Eisenbahn-Zube-
hör »aus der guten
alten Zeit«.
V. r. n. l.: Fahrkar-
tenautomat (Lutz),
Fahrkartenschrank
(Märklin) und
Lampe (Bing).*

*Rechte Seite:
Oben: Bahnüber-
gang von Märklin
mit englischem
Signal.*

H0-Zeitalters (H0 = Halb Null = 16,5 mm) dominier-
te bei Märklin das richtige Stellwerk in Gebäude-
form. Versteckte Stellplatten kamen erst mit dem
späteren Modellbahndenken auf oder unter den
Tisch.

Drei Systeme zur Signal- und Weichenstellung
machten sich zur Zeit der Jahrhundertwende den
Rang streitig: (Draht-)Seilzug mit Federrückstellung,
Druckluft mit (Ventil-)Gummischlauch-Verbindung
sowie die spätere Siegerin, die Elektrizität.

Schon immer waren die Bahnhöfe der zentrale
Blickfang von Eisenbahnanlagen. Wahre Blechpaläste

Oben links:
Kleiner Bahnhof
von Bing mit viel
Charme.

Oben rechts:
Märklins beliebter
»Zwiebelturm«-
Bahnhof.

kamen dieser Vorstellung entgegen. Einige, vornehmlich von Märklin oder Bing, aber auch von Lutz oder Rock & Graner (R&GN), erinnern wirklich eher an Fürstenpaläste – und haben heute ebenso fürstliche Preise – mit stets steigender Tendenz seit den siebziger Jahren. Vorher blieb Zubehör gegenüber dem Rollmaterial eher unbeachtet.

In den späteren zwanziger und den folgenden dreißiger Jahren änderte sich der Stil völlig, und nüchterne, schmucklose, reine Zweckbauten beherrschten das Bild. Zur Betonung dieser Schlichtheit und dem Zeitgeschmack entsprechend wurden Fen-

43

ster und Türen häufig nur aufgedruckt. Beton und Bauhaus-Stil empfand man als chic. Bei echten Gebäuden aus dieser Zeit und bei Möbeln mag dieses Empfinden auch heute noch gelten, bei den Bahnhöfen wurde es aber stark übertrieben, und so werden diese Stücke heute auch bei Sammlern nur sehr niedrig bewertet.

Bahnhöfe wurden nicht immer frei gestaltet. Fast jeder Hersteller hatte einmal ein solches Bauwerk nach echtem Vorbild im Programm, mehr oder weniger stilisiert oder gar verfremdet.

Bei Märklin war dies sehr früh der sogenannte Zahnrad-Bahnhof Nr. 2034, der sogar zwei identische Vorbilder hatte, nämlich die damaligen Hochbahnhöfe Cottbuser Tor und Oranienstraße in Berlin, heute längst abgerissen. Spätere Nachbauten von Märklin sind heute noch bekannt: der Leipziger Bahnhof mit seinen riesigen Anbauteilen und Ausmaßen, Märklins größtes Stück dieser Zeit; der Stuttgarter Hauptbahnhof, der in der Baugröße I besser zur Spur 0 paßt sowie die eigentliche Spur-0-Version, die man dann der neuen Spurweite 00/H0 zugeordnet hat; ferner der Friedrichshafener Bahnhof, der gleich in mehreren Versionen für alle Spurweiten gebaut wurde und als letzter Blechbahnhof

Nachbau des Anhalter Bahnhofs in Berlin von Issmayer aus Nürnberg. Goldlinien machen die Lithographie besonders effektvoll.

Eine elektrische CS-Lokomotive von Märklin zieht einen Postwagen.

bei Märklin noch zur H0-Zeit im Katalog zu finden war. Für die Nürnberger Hersteller ein Beispiel ganz eigener, verfremdeter Interpretation: der Nachbau des Anhalter Bahnhofs in Berlin von Issmayer. Dieser Bahnhof – auf einem Blechhügel stehend – besticht heute in seiner Schlichtheit mit goldglänzender Lithografie.

Wie schon erwähnt, hat man auch damals nichts ausgelassen. Es gab hübsche Requisiten, wie etwa den Bahnwärter mit der Kelle, der – zunächst mechanisch und später elektromagnetisch bewegt – vor die Tür seines Bahnwärterhäuschens trat und dem Zug »grünes Licht« gab. Oder, speziell für den Export nach England, das Ausladen von Postsäcken bei fahrendem Zug.

Der Spielwert der alten Bahnen war hoch. Alles mußte bewegbar und handlich sein. »Action« fand also nicht nur am Regler oder Stellpult statt, wie heute.

Aber auch zur Ausgestaltung seiner Anlage mußte der Modellbahnfreund früher weit mehr Eigeninitiative entwickeln: Entwurf und Hausbau aus Holz oder Pappe, Bäume aus Luffa-Schwamm, grünem Papier oder gefärbtem Sägemehl. Heute ist das einfach: Man geht in den Modellbahnladen und holt sich einen Plastikbausatz. Was macht eigentlich mehr Spaß? Der eigenhändige Entwurf und Bau oder die Montage eines vorgefertigten Bausatzes?

Die Entwicklung der kleinen Modellbahnen

Die frühen Miniaturbahnen

Schon bald nachdem eine Spur-0-Bahn gebaut wurde, unternahmen die Hersteller allerorts Versuche, diese Baugröße zu verkleinern. Hinter diesem Vorhaben stand der Händlerwunsch, breiteren Bevölkerungs-schichten eine für sie erschwingliche Bahn anbieten zu können.

Einige Beispiele für diese frühen Kleinspuren: Ca-

rette in Nürnberg lieferte schon im Jahr 1902 seinen Typ»Kleiner als 0« mit 21mm-Spurweite, die, wie damals noch allgemein üblich, von Schienenkopfmitte zu Schienenkopfmitte gemessen wurde.

Schoenner, ebenfalls in Nürnberg, offerierte im gleichen Jahr seine»Spur 000« mit 25 mm.

Dann folgte beispielsweise Märklin um 1908 mit seiner»Liliput«-Version mit 26mm-Spurweite. Diese Bahn hielt sich bis Ende der zwanziger Jahre im Programm, Restposten davon tauchten noch 1932 in Ausverkaufslisten auf.

Auch Bing bot 1908 eine damals noch namenlose Kleinspur mit 28 mm an, die dann ab 1912 bereits »00« genannt wurde.

Alle diese Angebote scheiterten meist nach kurzer Zeit an den durch das Billigpreiskonzept erzwungenen Unzulänglichkeiten, angefangen von der zu geringen Haltbarkeit infolge der Verwendung allzu dünner Bleche, bis hin zum viel zu geringen Spielwert, da diese Bahnen meist nicht ausbaufähig waren, denn es gab kaum Zubehör. Trotzdem kamen sie immer wieder in die Regale der Händler. War eine solche Bahn mangels Umsatz aus dem Angebot eines Herstellers verschwunden, hatte der reisende Vertreter bereits schon die nächste in seinem Musterkoffer – und so ging das bis etwa 1923, als ein englisches Konzept, in Deutschland gefertigt, zumindest ein neues Denken einleitete: das Engagement von Bassett-Lowke bei Bing in Nürnberg.

Der große Schritt zur wirklichen Tischbahn: Bing 1923

Die Bing»Liliput«-Tischbahn entstand nicht aus dem Bestreben, eine weitere billige Bahn mit weniger Material und Aufwand auf den Markt zu bringen. Solche Bahnen gab es genug, auch von Bing, und sie alle scheiterten letztlich an ihrer zu geringen Ausbaufähigkeit, die eben nur wenig Spielfreude aufkommen ließ.

Der Initiator dieser neuen Bing-Bahn, der große englische Modellbahnhändler Wenman J. Bassett-

Bing-Lokomotive im Bahnhof, für den englischen Markt, vor 1910.

Lowke, mit den Nürnberger Brüdern Bing schon vor dem Ersten Weltkrieg befreundet, wollte mehr: Ihm schwebte ein ausbaufähiges Tischbahnsystem vor, mit hohem Spielwert als Freizeitbeschäftigung oder gar »Sport« – im Sinne der englischen Auffassung. Als ideale Größe erachteten die Engländer die Hälfte der Baugröße 0.

Diese Bing-Bahn mit rund 16mm-Spurweite hatte ein Böschungsgleis aus Blech, in ähnlicher Form schon vor 1908 bekannt, das aber 1923 für Kleinspuren richtungsweisend wurde (siehe 1935 Trix und Märklin) – bis heute.

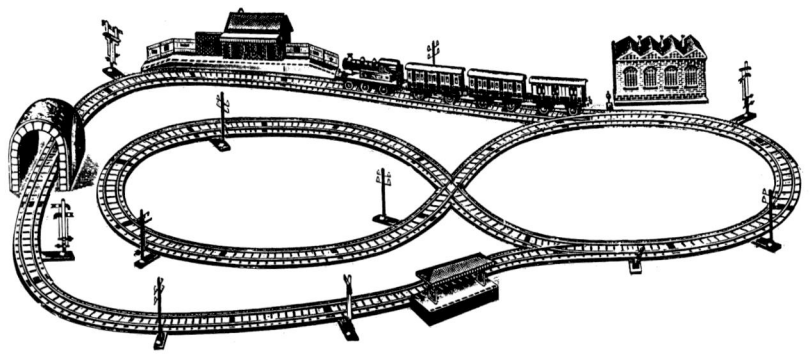

Lokomotiven baute Bing in unzähligen Varianten, die aber alle auf ein Grundmodell zurückzuführen sind.

Bei den Wagen verhält es sich ähnlich. Eigenartig: Es gab kein einziges Modell nach deutschem Vorbild. Die englischen Typen wurden einfach eingedeutscht oder amerikanisiert. Das Zubehörprogramm im englischen Stil ließ damals wirklich kaum Wünsche offen.

Das Ende kam 1932 mit dem Ausscheiden Bings aus dem Spielwarengeschäft. Die Werkzeuge gingen teilweise an Nürnberger Mitbewerber, die noch bis Ende der dreißiger Jahre nach Bing-Entwürfen fertigten, nun aber gegen Trix und Märklin auf verlorenem Posten standen.

Ein typisches Gleisbild der Bing-Tischbahn (Uhrwerk) in den zwanziger Jahren.

48

Der Anfang vom Ende der großen Blechbahnen: das Jahr 1935

Das Zeitalter der wirklich vorbildnahen Tischbahnen begann 1935. Im Frühjahr dieses Jahres zeigte Trix auf der Leipziger Messe eine neue und schon weit ausgebaute Tischbahn. Märklin folgte mit seiner Variante zur Herbstmesse. Beide Firmen arbeiteten also wohl gleichzeitig an der Entwicklung der neuen Größe.

Beide Systeme hatten ein 16,5mm-Dreischienengleis; die Hersteller nannten die neue Bahn übereinstimmend »Spurweite 00«. Bei einem angegebenen Maßstab von 1:90 entsprach dies in etwa der halben Spur-0-Größe. Es war also naheliegend, daß man irgendwann die bei uns in Deutschland »anrüchige« Bezeichnung 00 aufgab und durch die Kennzeichnung »halbe Null«, H0, ersetzte (siehe auch S. 51ff.). Bedingt durch den Zweiten Weltkrieg, erfolgte die offizielle Umbenennung bei den deutschen Herstellern erst ab Herbst 1950, als im Ausland dieses Kürzel bereits allgemein gebräuchlich war.

Der Trix-Express startete als erster

Märklin-Modelle der Spurweite 00-/H0 aus der Vorkriegs- und Nachkriegszeit.

Trix war der erste Anbieter einer modernen Spur-00-Bahn, die sich durchsetzen konnte. Zu Anfoe/Trix (siehe S. 187f.) kamen nach 1932 zahlreiche ehemalige Mitarbeiter von Bing, und so ist es nicht verwunderlich, daß sich bei frühem Trix-Material deutliche Anklänge von Bing feststellen lassen. Bei einigen

zweiachsigen Wagen muß man schon sehr genau hinsehen, um den Hersteller, Bing oder Trix, erkennen zu können.

Das Bakelit-Gleisbett, übrigens von der Presswerk AG (PAG) in Essen bezogen, stellte eine Neuerung dar, wurde aber wegen seiner tristen schwarzen Farbe nie recht beliebt. Heute stellt sich natürlich die Frage, warum es überhaupt schwarz sein mußte, der Kunststoff Bakelit ist ja auch in fast jeder anderen Farbe bekannt. Dieser Kunststoffgleiskörper ermöglichte in Verbindung mit den Rädern aus gleichem Werkstoff den berühmten Zweizugbetrieb, der dann in der Werbung gebührend herausgestellt wurde.

Schon die ersten Lokomotiven wurden in fortschrittlicher Zinkdruckgußtechnik hergestellt. Die Schnellzugdampflok der Baureihe 03 erreichte mit ihrer Automatikkupplung den Höhepunkt der Vorkriegsfertigung. Die ebenso gelungenen Schnellzugwagen der 21,4cm-Serie profitierten in ihrem relativ matten und wirklichkeitsgetreuen Lithographiedruck von der reichen Erfahrung, die Bing auf diesem Gebiet hatte. Die Ur-Trix-Bahn wurde mit 14 Volt Wechselstrom betrieben. Große Teile des Zubehörprogramms, Gebäude und so weiter, bezog man lange Zeit von Kibri, offensichtlich aber auch von anderen Herstellern.

Der verspätete Start des Weltmeisters: Märklins 00-/H0-Bahnen

Der Frühstart einer Spur-00-Bahn von Trix muß die Göppinger damals im Jahr 1935 geschmerzt haben – es ging dabei wohl nur um Wochen. Das Startangebot Märklins vom Herbst 1935 bestand aus zwei B-Lokomotiven, einer Dampflok und einer Ellok, einem zweiachsigen Personenwagen, fünf Schnellzugwagen und vier Güterwagen. Allen Fahrzeugen sieht man deutlich an, daß diese neue Märklin-Bahn der Spurweite 00 nicht eine Verkleinerung der wirklichen Eisenbahn darstellt, sondern eine nochmalige Verkleinerung der bereits gefertigten Lokomotiven und Wagen der Spur-0-Bahn. Zudem waren dies Verkleinerungen der ein-

Erster Trix-Katalog mit dem Startprogramm vom Frühjahr 1935.

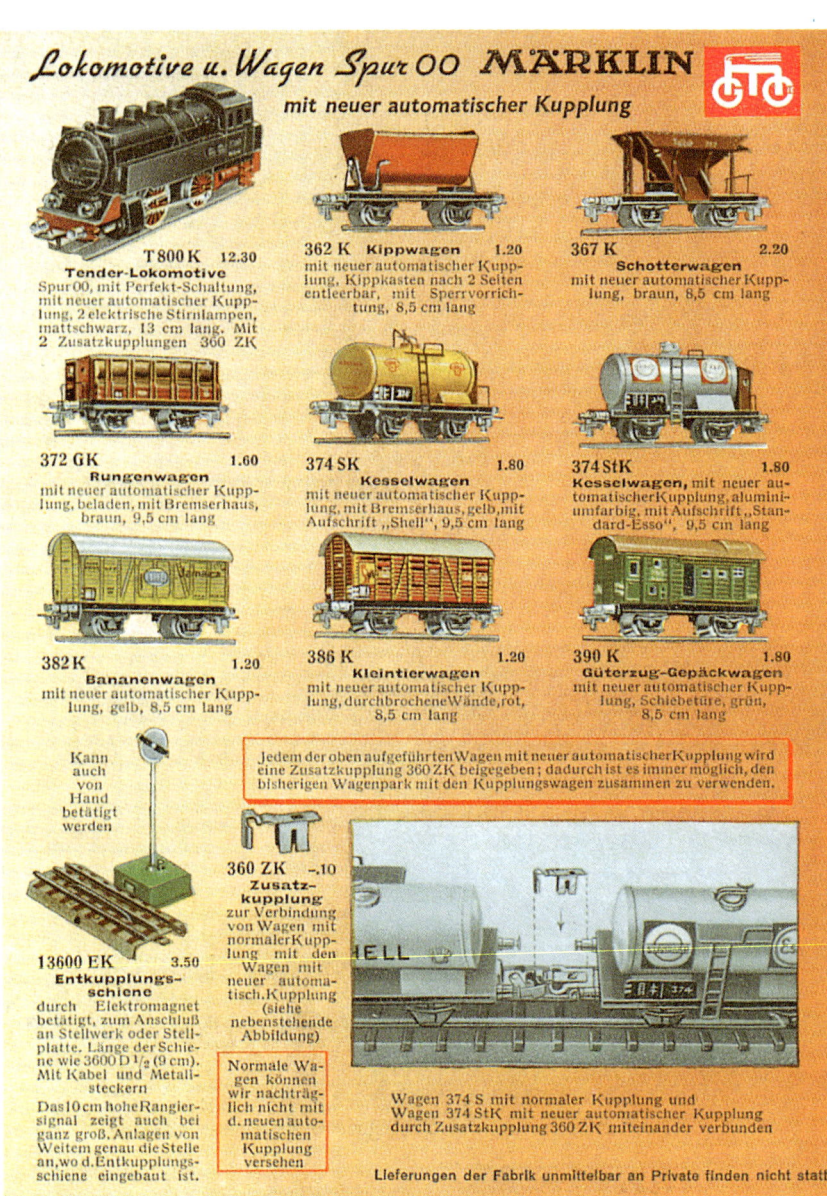

Lokomotive u. Wagen Spur 00 MÄRKLIN

mit neuer automatischer Kupplung

T 800 K 12.30
Tender-Lokomotive
Spur 00, mit Perfekt-Schaltung,
mit neuer automatischer Kupplung, 2 elektrische Stirnlampen,
mattschwarz, 13 cm lang. Mit
2 Zusatzkupplungen 360 ZK

362 K Kippwagen 1.20
mit neuer automatischer Kupplung, Kippkasten nach 2 Seiten
entleerbar, mit Sperrvorrich-
tung, 8,5 cm lang

367 K 2.20
Schotterwagen
mit neuer automatischer Kupplung, braun, 8,5 cm lang

372 GK 1.60
Rungenwagen
mit neuer automatischer Kupplung, beladen, mit Bremserhaus,
braun, 9,5 cm lang

374 SK 1.80
Kesselwagen
mit neuer automatischer Kupplung, mit Bremserhaus, gelb, mit
Aufschrift „Shell", 9,5 cm lang

374 StK 1.80
Kesselwagen, mit neuer automatischer Kupplung, alumini-
umfarbig, mit Aufschrift „Stan-
dard-Esso", 9,5 cm lang

382 K 1.20
Bananenwagen
mit neuer automatischer Kupplung, gelb, 8,5 cm lang

386 K 1.20
Kleintierwagen
mit neuer automatischer Kupplung, durchbrocheneWände, rot,
8,5 cm lang

390 K 1.80
Güterzug-Gepäckwagen
mit neuer automatischer Kupplung, Schiebetüre, grün,
8,5 cm lang

Kann
auch
von
Hand
betätigt
werden

Jedem der oben aufgeführtenWagen mit neuer automatischerKupplung wird
eine Zusatzkupplung 360 ZK beigegeben; dadurch ist es immer möglich, den
bisherigen Wagenpark mit den Kupplungswagen zusammen zu verwenden.

13600 EK 3.50
**Entkupplungs-
schiene**
durch Elektromagnet
betätigt, zum Anschluß
an Stellwerk oder Stell-
platte. Länge der Schie-
ne wie 3600 D 1/2 (9 cm).
Mit Kabel und Metall-
steckern

Das 10 cm hoheRangier-
signal zeigt auch bei
ganz groß. Anlagen von
Weitem genau die Stelle
an, wo d.Entkupplungs-
schiene eingebaut ist.

360 ZK –.10
**Zusatz-
kupplung**
zur Verbindung
von Wagen mit
normalerKupp-
lung mit den
Wagen mit
neuer automa-
tisch.Kupplung
(siehe
nebenstehende
Abbildung)

Normale Wa-
gen können
wir nachträg-
lich nicht mit
d.neuen auto-
matischen
Kupplung
versehen

Wagen 374 S mit normaler Kupplung und
Wagen 374 StK mit neuer automatischer Kupplung
durch Zusatzkupplung 360 ZK miteinander verbunden

Lieferungen der Fabrik unmittelbar an Private finden nicht statt

*Märklins neue 00-Bahn (später H0) rollt, und das Ende der
großen Spurweiten zeichnet sich damit ab.*

Das Preiswunder in Spur 00: Die Schwester dieser Märklin-00-Lokomotive aus dem Jahr 1938 brachte bei einer deutschen Auktion schon vor 15 Jahren runde 83 000 Mark! Die abgebildete Lokomotive ist im Märklin-Werksmuseum in Göppingen ausgestellt.

facheren Modelle, die man heute der Spielbahn zurechnet. Von Anfang an gab es ein umfangreiches Zubehörprogramm. Was damals überraschte, war das Gleis, denn es stand, wie bei Trix, in der Tradition der Bing-00-Bahnen aus dem Jahr 1923. Aufgrund der deutlich höheren Stabilität dieser Bauart war diese Wahl jedoch richtig. Zu Beginn baute man eine halbautomatische Klauenkupplung, die über einige Stationen schon im Jahr 1939 zu der noch heute üblichen automatischen Bügelkupplung führte. Die Fahrzeuge bekamen bald Modellcharakter. Metallwagen oder Gußlokomotiven findet man noch heute in Märklins H0-Programm.

Die Fleischmann Spur-0-Bahn: Abkehr von der Weißblechschiene mit Zweischienen-Gleichstrombetrieb

Die Fleischmann Spur-0-Bahn markiert einen Wendepunkt: Abkehr vom Weißblechgleis mit nur drei Schwellen und dem traditionellen Wechselstrombetrieb, hin zum Zweischienengleis mit dunklen Schwellen und engerem Abstand, mit Gleichstrombetrieb und später mit automatischer Kupplung. Diese Bahn wurde erstmals auf der Frankfurter Frühjahrsmesse 1949 vorgestellt und basiert auf Entwicklungen der Firma Doll, die von Fleischmann

1939 übernommen worden war. Doll fuhr in seiner Entwicklung damals klar in Richtung Modellbahn, und Fleischmann betrieb diese Richtung weiter, wie zahlreiche Prototypen im Firmenarchiv belegen. Allerdings machte man dann beim Erscheinen der neuen Bahn im Jahr 1949 mit dem sehr engen Radius eine Konzession an die Zeit – zu Lasten der vorher entwickelten Modelle.

Das Fleischmann-Programm wurde bis zum Jahr 1953 schnell ausgebaut, danach aber ebensoschnell ausgedünnt und 1959 völlig aufgegeben. Diese Bahn war die erste Großserienbahn der Spurweite 0 mit einer automatischen Kupplung, die dann – verkleinert – ab 1952 für das Spur-00-Programm übernommen wurde.

Die Fleischmann Spur-0-Bahn ist heute bei den Betreibern historischer Spielbahnen sehr beliebt. Denn bedingt durch den engen Gleisradius kann auf einer Tischtennisplatte schon eine respektable Anlage aufgebaut werden. Für den Fahrbetrieb stehen alle Grundbauarten von Lokomotiven und Wagen zur Verfügung. Zubehör – teilweise von Kibri hergestellt – gibt es reichlich, und die Preise sind noch sehr günstig.

Fleischmanns revolutionäres Spur-0-System – ein kurzes Leben in der Nachkriegszeit. Die Blechgebäude zu dieser Bahn baute Kibri.

Die Zinkpest: Geißel der Sammler

Allein schon das Wort »Zinkpest« treibt den Sammlern von frühen 00-/H0-Bahnen oder Metallgußautos den Angstschweiß auf die Stirn. »Nachts sitze ich manchmal aufrecht im Bett und höre es in meiner Sammlungsvitrine knacken«, erzählt gequält ein Sammler dieser gefährdeten Zinkspritzguß-Raritäten. »Erst biegt es sich, dann reißt es und letztlich liegen da nur noch die wertlosen Trümmer der einst stolzen und ach so teuren Lokomotive«, so bringt der geschockte Mann seine negativen Erfahrungen mit frühen Druckgußerzeugnissen auf den Punkt.

Befallen von dieser Metallkrankheit werden vor allem die 00-/H0-Lokomotiven mit ihrem Druckgußkörper von Trix oder Märklin aus der Vorkriegs- oder frühen Nachkriegszeit, aber auch Fleischmann-Lokomotiven der Spurweite 0 und sogar Wagenfahrgestelle für N-Bahnen von Arnold. Die Zinkpest ist also nicht ausgerottet.

Mit dem Begriff Zinkpest (es gibt auch eine Zinnpest mit ähnlichen Folgen, aber anderen Ursachen) belegt der Sammler eine Zerfallserscheinung bei Zinkspritzguß-/Metalldruckguß-Modellen, deren Ursache noch immer im dunkeln liegt. Als gesichert gilt heute, daß »verunreinigte« Gußmischungen an diesem Zerfall beteiligt sind. Ob diese aber die Alleinschuld tragen, darf bezweifelt werden. Möglicherweise sind auch (zeitbedingt) fehlende Zusätze mit verantwortlich oder eine zeitweise unangemessene Lagerung – vielleicht im feuchten Keller oder auf dem wechselweise brütendheißen oder eiskalten Dachboden –, bevor diese Schätze in die Hände eines wissenden Sammlers kamen. Mit Strom hat diese Erscheinung jedenfalls nichts zu tun. Denn auch die Modellautos der Vorkriegszeit können von dieser Krankheit befallen werden – und in diese sind keine Elektromotoren eingebaut. Die Zinkpest ist auch nicht an Spielzeug gebunden, wie zum Beispiel betroffene Auto-Oldtimerfreunde berichten.

Beginnende Zinkpest macht sich durch Verziehen des Metalls und feinste Risse bemerkbar. Diese Symptome verschlimmern sich – und eines unschönen Tages kommt der große Knacks. Dann bleiben vom einst stolzen Schienenroß oder dem Pfeil der Landstraße nur noch häßliche Bruchstücke. Aus! Nach heutiger Erfahrung ist eine beginnende Zinkpest nicht zu stoppen und das Ende des befallenen Stückes somit absehbar. In Sammlerkreisen kursieren zahlreiche Rezepte zur Schadensbegrenzung und Reparatur, ein Dauererfolg wurde bisher aber nicht nachgewiesen. Am Ende stand immer das graue Pulver ... (Auch bei einem von der Zinkpest befallenen, luftdicht in einem Polyesterblock eingegossenen, Eisenbahnrad ging die Verformung weiter, und der kleine Kunststoffblock wurde sogar gesprengt.)

Die beste Vorsorge besteht in einer trockenen Lagerung bei Zimmertemperatur, ohne Aufheizung durch Lampen. Ob damit aber wirklich die »Spannungen der Zeit« vermieden werden können, ist nicht schlüssig bewiesen. Denn auch bei Eisenbahnmodellen in solch idealer Umgebung hat es schon geknackt.

Die Stücke großer Spielbahn-Spurweiten sind im wahrsten Sinne des Wortes nur am »unteren Rande« betroffen, da bei diesen Bahnen – mit Ausnahme von Fleischmann-Lokomotiven – meist nur die Räder aus Zinkdruckguß bestehen. Solche Räder sind heute als Nachguß ebenso erhältlich wie fast alle gefährdeten Gußteile der Märklin-00-/H0-Bahnen oder auch des Trix-Express'. Hersteller oder Lieferanten dieser Ersatzteile sind meist betroffene Sammler. Man findet diese Helfer mit ihrem Angebot auf den bekannten Sammlermärkten (siehe S. 194), häufig versenden sie sogar recht professionelle Ersatzteillisten.

Die Biller-Bahn: die Sandkastenbahn der ersten Nachkriegsgeneration

Die Biller-Bahn war eine reine Spielbahn »für den Knaben«. Sie hatte hohen Spielwert und kam zur rechten Zeit auf den Markt. Viele Spielzeugfreunde werden sich noch an diese Bahn erinnern können: Sie kam im Jahr 1949 auf den Markt, wurde ständig weiter ausgebaut und war bis 1971 in den Spielzeuggeschäften präsent.

Die Firma Hans Biller in Nürnberg, die auch für anderes Blechspielzeug bekannt ist, entwickelte eine (Sand-)Bahn im typischen Trümmerloren-Stil der er-

Schöne Lorenzüge für den Sandkasten, die Biller-Bahn.

56

sten Nachkriegszeit. Die Biller-Bahn ist dementsprechend eine Schmalspurbahn auf 16mm-Gleis mit Holzschwellen (Spurweite H0), im Baumaßstab den 0-Bahnen angenähert. Begonnen wurde mit Uhrwerkantrieb, später gab es dann auch batteriebetriebene Lokomotiven. In den sechziger Jahren wurde das lithographierte Blech zunehmend durch Kunststoff ersetzt. Aus wirtschaftlicher Sicht war diese Maßnahme damals sicher richtig, nahm aber der Biller-Bahn viel von ihrem Flair – zumindest aus heutiger Sicht. Im Jahr 1977 mußte die Firma Biller ihre Tore schließen.

Die Blechbahnen in der ehemaligen DDR

Göppingen und Nürnberg lagen im Westen des untergegangenen Deutschen Reiches, und im Ostteil gab es keine vergleichbare Modellbahnindustrie. Ausgehend von den Anfängen in der sowjetisch besetzten Zone (SBZ) entwickelte sich in der abgeschotteten DDR zwangsweise ein eigenständiges Modellbahnwesen. Neben einer Reihe kleinerer Firmen – vorzugsweise im Modellbereich angesiedelt –, gab es zwei größere Produzenten von kompletten Bahnsystemen im Maßstab Spur 0: Zeuke (damals noch ohne »& Wegwerth«) in Berlin sowie Liebmann in Stadtilm in Thüringen. Diese Hersteller führten die Vorkriegstradition fort, griffen aber neue Ideen und Materialien auf – oft zwangsläufig, infolge Rohstoffverknappung. Blech und Guß (Räder) wurden zunehmend durch »Plaste« oder Preßmasse ersetzt, manchmal sogar zum Vorteil der Modelle. Es wurden schöne Spur-0-Modelle gebaut, so zum Beispiel eine Schnellzuglokomotive der Baureihe 01 von Liebmann. Vom gleichen Hersteller gab es eine Tenderlokomotive der Baureihe 64, die später auch mit dem Zeuke-Schild in den Handel kam. Zeuke lieferte eine schöne Ellok E 44, zwei Stromlinien-Modelle, F 50 genannt und der Baureihe 03.10 angenähert, einmal mit der Achsfolge 2C und dann 1C1. Die dreiteilige Doppelstockwagengarnitur von Liebmann ist heute als typischer Zeitzeuge sehr gesucht. Zeuke-Material

wurde noch nach 1961 per Katalog angeboten, Liebmann jedoch baute zu dieser Zeit bereits eine Bahn
der Baugröße S.
Damit war auch in der ehemaligen DDR die Ära
der großen Blechbahnen beendet.

Achsfolgeschema und Bezeichnungen bei Dampflokomotiven

Achsfolge	Bezeichnung
oO	1 A
Oo	A 1
OO	B
OOo	B 1
ooOO	2 B
ooOOo	2 B 1
ooOOO	2 C
ooOOOo	2 C 1
ooOOOoo	2 C 2
oOOOOo	1 D 1
ooOOOOo	2 D 1
ooOOOOoo	2 D 2

Grundsätzlich werden im deutschen Sprachraum bei Dampflokomotiven die (kleinen) Laufachsen mit Zahlen belegt und die
(großen) Treibachsen mit Buchstaben.

Autos und Motorräder

Die Spielzeugeisenbahnen und ihre Sammler stellen zweifellos die größte Gruppe auf dem riesigen Sammelgebiet Blechspielzeug. Doch die Auto- und Motorradsammler folgen ihnen dicht auf.

Das Automobil ist sicher nicht die wichtigste Erfindung der Menschheit, aber es ist aus dem heutigen Leben nicht mehr wegzudenken. Verständlich, daß es dann auch eine Spitzenstellung im Spielzimmer einnimmt: In der Gunst der Kinder hat es längst die Eisenbahn verdrängt.

Die Form des Automobils wurde wohl nie – mit Ausnahme der Rennwagen – allein durch die Technik vorgegeben. Sein Aussehen, die Karosserie, entspricht immer dem Zeitgeschmack.

Ein Traum von einem Auto, der offene Viersitzer von Carette aus dem Jahr 1910.

59

Von der Pferdekutsche
zum Formel-1-Rennwagen

Spielzeugautos orientieren sich nicht zwangsläufig an einem bestimmten Vorbild, obwohl es auch schon recht früh wirkliche Modelle gegeben hat. Die Blechautomobile repräsentierten bis in die Zeit nach dem Zweiten Weltkrieg häufig eher eine ganze Produktgruppe, so das sportliche Fahrzeug in Gestalt des Coupés oder Cabriolets, dann die Luxuslimousine oder den Lastwagen in seiner vielfältigen Form. Die »Vermischung« der Stilelemente mehrerer Marken zu einem Einheitstyp seiner Gruppe gelang den Spielzeugkonstrukteuren recht überzeugend, und so bietet eine über die Jahre hinweg »gut sortierte« Sammlung von Spielzeugautos heute einen repräsentativen Querschnitt durch die nun bereits hundert Jahre Automobilgeschichte.

Der Sammler alter Spielzeugautomobile ist allerdings oft weit mehr von den Autos einer bestimmten Epoche fasziniert oder von den Modellen eines Herstellers, beispielsweise Carette oder Märklin. Oder er

Die »Deutschen Wäschereiwerke« lieferten um 1926 die Wäsche mit einem Wagen von Bing aus.

Lehmanns Doppel-stockbus wurde noch in den dreißiger Jahren verkauft.

liebt die Autos der Marke Schuco, sofern er ein Freund glatter Karosserien mit einem spielintensivem Innenleben ist. Eine Generalsammlung über einen Zeitraum von nahezu hundert Jahren Geschichte des Spielzeugautomobils aufzubauen, ist heute zwar noch grundsätzlich möglich, jedoch enorm zeitintensiv und mit Reisen zu Auktionen rund um die Welt verbunden – wer will da noch vom Geld reden?

Der Eisenbahnsammler hat es da viel, viel einfacher: Eine Lokomotive war oft über Jahrzehnte hinweg unverändert im Programm – in dieser Zeit hatte ein bestimmtes Automobil vielleicht schon zehn Nachfolgemodelle. Dem Autosammler bleibt in diesem Fall nur die weise Selbstbeschränkung auf eine Epoche oder Marke.

Andererseits spart der Autosammler gegenüber dem Eisenbahnsammler bei den »Nebenkosten«. Er

Distler-Rennwagen im Sportwagenstil der dreißiger Jahre.

braucht keine Bahnhöfe, Schienen oder Brücken ... Die großen Spielzeugautomobile aus der Zeit vor 1920 zeigen durch ihre verspielten Details viel Flair. Später wurden sie, wie auch ihre Vorbilder auf den Straßen, schlichter, einfacher. Trotzdem sind die großen Spielzeuglimousinen der späten dreißiger Jahre heute sehr gefragt – es sind die Zeugen der klassischen Stromlinienzeit.

Nach dem Zweiten Weltkrieg versuchten Firmen wie Arnold, Distler, Gama oder Günthermann nochmals, große und nun modellgetreue Autos auf dem Markt zu plazieren. Die japanischen Blechautos der Flossengeneration waren aber deutlich billiger und für die Jungen sehr interessant – es waren eben amerikanische Typen.

Die Fahrzeuge dieser Jahre mußten auch technisch viel bieten. Schuco setzte hier die Maßstäbe bereits vor dem Zweiten Weltkrieg.

Die von Märklin im Jahr 1935 am deutschen Spielzeugmarkt etablierte Serie kleiner Gußautos (Dinky schon 1933) im Maßstab 1:45 (später 1:43) – also passend zur Eisenbahn der Baugröße 0 – entwickelte sich immer mehr zu einer wirklichen Modellserie. Aufgrund ihrer fortschrittlichen Fertigungsmethode waren diese Autos sehr preisgünstig. Auch ein Schüler oder Lehrling konnte sich damit eine regelrechte Modellsammlung aufbauen.

Und dann gab es da noch die winzigen Kunststoffautos des Marktführers Wiking in Berlin, hergestellt im (damaligen) Mini-Maßstab 1:100 (1:87), entsprechend der jetzt weltweit führenden H0-Bahn. Wiking hatte schon vor dem Krieg mit Kunststoffen experimentiert und kam nun 1948, im Jahr der Währungsreform, rechtzeitig mit seinen kleinen Kunststoffautos auf den Markt.

Damit war der Anfang vom schnellen Ende der großen Blechautomobile gesetzt. Mit Kunststoff ließen sich vortrefflich Spielzeugautos gestalten – und kostengünstig dazu. Kinder und Eltern waren zufrieden.

Natürlich gibt es auch heute noch große Blechautos. Mit diesen zielen die Hersteller jedoch allein auf den erwachsenen Sammler. Das ist kein Spielzeug mehr im ursprünglichen Sinn.

Die Autos der damaligen Blechspielzeughersteller zeigen jeweils einen hauseignen Stil, der meist über viele Jahre hinweg deutlich erkennbar ist, manchmal

Die große Distler-Limousine aus den dreißiger Jahren. Der Wagen ist 50 cm lang und beleuchtet.

allerdings auch verlorenging. Fast immer – und in allen Sparten des Blechspielzeugs – wird Märklin vor Bing gesetzt. Sicher, Märklin-Spielzeug hat meist die höhere technische Qualität, aber bei Bing hat es oft viel mehr verspielten Charme. Möglich, daß dieser Charme oft gerade durch skurrile Details ausgelöst wird. Wir sollten bei solchen Betrachtungen aber nicht vergessen, daß es dabei um Spielzeug geht und nicht um wirkliche Modelle oder gar Kunstwerke.

Bei den sehr frühen Spielzeugautomobilen, noch zur Kutschenzeit, stehen Günthermann, Hess sowie Lehmann an der Spitze. Günthermann bietet die ganze Vielfalt früher Kutschautomobile. Bei Hess ist die Lithographie zu bewundern und bei Lehmann die oft persiflierende Gestaltung der Stücke mit vielen erstaunlichen Funktionen – das ist der Lehmann-Stil. In der Zeit kurz vor dem Ersten Weltkrieg beeindruckten hauptsächlich die Automobile von Carette, Bing oder Märklin. Der Nürnberger Hersteller Carette bot damals wohl die beste Detailgestaltung. Hier sind auch noch die Nürnberger Bub, Eberl sowie Fischer zu nennen, ferner Oro/Reil Blechschmidt & Müller in Brandenburg oder auch Stock in Solingen.

Die Zeit nach dem Ersten Weltkrieg brachte viele Fortschritte beim Automobil, aber auch in der Spielzeugtechnik. In den zwanziger Jahren bauten Bub und Distler heute sehr gesuchte Autos. Bings Serie verschiedener Ford-T-Modelle steht ebenfalls in dieser Reihe. Das Doll-Auto mit Dampfantrieb ist hier ebenso hervorzuheben wie die vom Automobilhersteller Citroën selbst produzierten Spielzeugautos. Lehmann lieferte neben seinen ideenreichen Jux-Fahrzeugen ganze Serien realistischer Automobile in unterschiedlichen Baugrößen. Der Omnibus rückte in

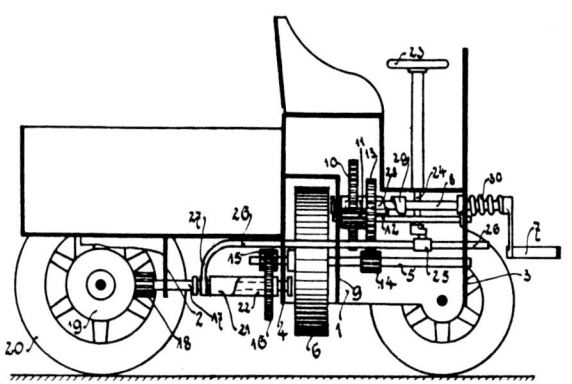

Der Schwungradantrieb der Hess-Autos wurde in den Jahren 1904/05 patentiert. Hier eine aufwendige Kardan-Version.

64

*Toll! Das seltene
Dampfauto von
Doll.*

*Die Drehleiter von
Bing.*

das Bewußtsein der Kinder und damit in die Schaufenster der Spielzeuggeschäfte.

Die dreißiger Jahre brachten die großen Luxus-oder Stromlinien-Limousinen von Bub oder Tipp & Co. Märklin und auch Dux lieferten ihre Autobaukästen. Die Militärfahrzeuge von Hausser-Elastolin oder Lineol verkörperten einen hohen technischen Entwicklungsstand und überzeugten durch ihre Vorbildtreue. Kellermann überraschte im Jahr 1939 mit dem »Cabrio-Verwandlungsauto«: Mit einem Griff wurde aus einem »K.d.F.«-Wagen, dem späteren »Käfer«, ein schickes Cabriolet. Dieses Auto wurde mit unterschiedlichen Lithographien bis zum Jahr 1956 gebaut.

AUTO-BAUKASTEN

Karosserie-Kasten

Zum Aufbau auf das mit Grundkasten Nr. 1101 C gebaute Fahrgestell

Nr. 1103 St 9.–
Stromlinien-Karosserie
grün

Nr. 1104 P 9.–
Pullman-Limousine-Karosserie
elfenbein

Nr. 1105 L 7.50
Lastwagen-Karosserie
rot

Nr. 1106 T 12.–
Tankwagen-Karosserie

Nr. 1107 R 6.50
Rennwagen-Karosserie

Nr. 1101/07 R 15.–
Chassis Nr. 1101 C und
Rennwagen-Karosserie
Nr. 1107 R
zusammen in Karton,
zerlegt (ohne Motor)

Nr. 99 R –.50
Rennfahrer-Figur
zu Kasten Nr. 1107 R

Nr. 1108 G 10.–
Panzerwagen-Karosserie
mit Kanone, Gummigranaten und Zünd-
blättchen

Nr. 1103 St   9.–

Nr. 1106 T   12.–

Märklins Baukasten-Autos sind auferstanden.
Die Vorkriegsserie wird fortgesetzt. Hier das Angebot im Katalog von 1939.

Nr. 1104 P   9,—

Nr. 1105 L   7,50

Nr. 1107 R   6,50

Nr. 1108 G   10,—

Feuerwehren mit einer drehbaren Leiter sowie auch Rennwagen standen zu allen Zeiten bei den Kindern hoch im Kurs. Diese Boliden, Symbole der Schnelligkeit, hatten ihre große Zeit in den dreißiger Jahren, als die»Silberpfeile«der Autounion und von Mercedes-Benz von Sieg zu Sieg eilten. Günthermann hatte schon vor dieser Zeit eine sehr modellgetreue Serie der Weltrekordwagen wie»Golden Arrow«oder »Bluebird« gefertigt.

Märklin startete seine berühmte Baukastenserie »1100« im Jahr 1933. Auf ein Einheitschassis mit Motor und»echtem«Kardanantrieb konnte man unterschiedliche Karossen aufsetzen. Zur Verfügung standen die Karosserien eines Stromlinien-Coupés, einer Pullman-Limousine, eines Lastwagens, der rote Standard-Tankwagen, der Rennsportwagen und ein mimikrybemalter Panzer(späh)wagen. Neben dieser großen Baukastenreihe wurde von Märklin ab 1936 ein etwas kleinerer Montagesatz nach dem Vorbild des Mercedes-Silberpfeil W 25 (Version der Saison 1935) angeboten. Dieser Rennwagen verschwand – wie die letzten Modelle aus der großen Serie ebenfalls – im Jahr 1955 aus dem Programm. 1987 jedoch wurde dieser W-25-Rennwagen der Vorbote einer neuen Liebhaber-Edition bei Märklin. Das im Detail veränderte Modell konnte eben in diesem Jahr im Märklin-Werksmuseum erworben werden. Dieser Wiederauflage folgten weitere Mercedes-Rennwagen, die in dieser Form bisher noch nicht von Märklin angeboten worden waren. Und dann startete Märklin anläßlich des Jubiläums»500 Jahre Post«die große Serie mit dem gelben Kastenwagen neu.

In den fünfziger Jahren lieferte Arnold sehr interessante große Autos, so die Typen»Format«,»Candidat«oder»Primat«, dem dann im Jahr 1955 der »Opel-Kapitän« folgte. Der Arnold-Jeep»Military Police« gilt heute als Zeitzeuge. Denn mit diesem Allradfahrzeug durchpflügte die US-Army 1945 Deutschland. Der aufwendig gestaltete Jeep war in den frühen fünfziger Jahren ein sehr beliebtes Bubenspielzeug, vielleicht auch wegen seiner auswechselbaren Besatzung – und man sah ihn ja überall im Straßenbild. Betrachtet man das Blechmodell mit seiner Militärpolizei-Besatzung, hat man sofort wieder das singend-hohe Fahrgeräusch dieses »Willy-Overland-Jeeps« im Ohr. Da gerade an diesem »Zeitgeist-Auto« die Entwicklung vom aufwendigen und somit hochwertigen Blechspielzeug zum billigen, mit dem aufkommenden Plastikspielzeug noch preislich konkurrenzfähigen Artikel aufgezeigt werden kann, soll es hier näher beschrieben werden.

Der Arnold-Jeep: ein Stück Zeitgeist

Der 17 cm lange Arnold-Jeep wurde zwischen 1949 und 1959 in vielen Varianten produziert. So gab es zum Beispiel unterschiedliche Antriebs- und Ausstattungsarten. Die frühen Modelle sind die aufwendigsten. Das schwarz-gelbe Nummernschild des Urtyps trägt in der Hauptzeile die Beschriftung »J-2500« und darunter »US ARMY 1949«. Die Jahreszahl 1949 wurde später durch 1953 ersetzt. Die Zahl 2500 entspricht der Katalogbezeichnung.

Der Arnold-Jeep, ein realistisches Nachkriegsspielzeug.

Der Antrieb erfolgte ursprünglich durch einen Federmotor mittels Kardan auf die Hinterachse, dabei sind folgende Schaltstufen vorhanden: Vorwärts,

Stop, Hinterachsfreilauf. Ab 1957 kam als Antriebsvariante der Arnold-typische Spiralkurbelantrieb hinzu.

Die ursprünglich grüne Lithographie bekam im Laufe der Produktionsjahre natürlich unterschiedliche Schattierungen, bis hin zum Olivbraun. Es gab aber auch eine weiße MP(Military-Police)-Version sowie eine graublaue Zivilversion (Katalognummer 2700) mit entsprechendem Nummernschild und ohne den charakteristischen US-Stern auf der Motorhaube. Dieser Stern fehlt bei der sehr seltenen »Constabulary«-Version. Dieses auffallende Modell mit der Katalognummer 2600 ziert eine gelbe Plakette in Sterngröße mit einem großen blauen »C« und einem roten Blitz, dem Kennzeichen einer MP-Unterabteilung.

Bereits um 1953 begann der Austausch beziehungsweise Abbau aufwendiger Bauteile: Das Dreispeichen-Lenkrad aus Blech wurde durch ein Plastiklenkrad ersetzt, und der klappbare Außenspiegel entfiel, des weiteren die Abdeckungen der Antriebszahnräder und Wellen an der Wagenunterseite. Auf die separaten Nummernschilder verzichtete man ebenso wie auf die beiden rückseitigen Stoßstangenbügel. Die vorbildlich umlegbare Windschutzscheibe verlor ihre Cellon-Verglasung. Die außen an der Karosserie montierten Haltegriffe wurden durch Bedruckungen ersetzt, die dann später ebenfalls eingespart wurden. Der charakteristische Benzinkanister, außen am Wagenheck montiert und ursprünglich aufwendig aus Blech hergestellt, wurde durch ein Kunststoffspritzteil ersetzt und entfiel etwas später ganz. Weitere Details wurden vereinfacht oder auch im Lithodruck gleich völlig eingespart.

Die Figuren aus Masse (einer Mischung aus Holzmehl, Kaolin und Leim) erhöhten den Spielwert dieser Blechautos enorm. Sie wurden von der Hilpoltsteiner Spielwarenfabrik Hans Frömter (»Fröha«) gefertigt, von der Arnold auch die Figuren für seine anderen Autos bezog. Die Jeeps waren anfangs nur mit Fahrer und Beifahrer besetzt, die beide Stahlhelme trugen. Später erst bekamen diese ihre typische »Military-Police«-Ausstattung, bestehend aus den weißen Schirmmützen, weißem Koppelzeug und der schwarzen MP-Armbinde. Beifahrer wurden mit einer ausgebreiteten Straßenkarte oder einer schußbereit gehaltenen Maschinenpistole ausgestattet. Auch zwei stehende Militärpolizisten mit rechteckigem Sockel waren lieferbar. Der erst später hinzugekommene und auf der Rückbank plazierte Funker trug eine weiße Schirmmütze oder einen Helm, es gab ihn aber auch ohne Hut, dafür mit einem Kopfhörer. Hier machten sich ebenso Einsparbemühungen bemerkbar: Die Antenne des Funkgerätes bestand anfangs aus einer Drahtspirale mit gerader Antennenspitze. Davon blieb dann nur der gerade Draht, der schließlich einer Plastikspitze weichen mußte...

Das Ende der fränkischen Jeep-Produktion begann 1959 mit der Vorstellung einer größeren 25cm-Version, die man durchaus auch als »vergröbert« bezeich-

Das berühmte (und nie gelieferte) HP-001-Auto mit seinem aus- und wieder einsteigenden Fahrer.

nen kann, da sich der ungeheuere Kostendruck bei der Blechspielzeugherstellung gegenüber dem zeitgemäßeren Plastikspielzeug mehr und mehr bemerkbar machte. Bei diesem Jeep saß jetzt nur noch eine Figur im Overall hinter dem Steuer. Allerdings war – welch ein Widerspruch – das separate Nummernschild, nun in Gelb, mit der Aufschrift »J-2600«, wieder da. Dieser Groß-Jeep wurde mit dem Spiralfeder-Kurbelantrieb geliefert und gegen Ende seiner Fertigungszeit, um 1962/63, auch mit einem Schwungradantrieb ausgerüstet.

Im Trend: Sport- und Rennwagen

Genau im Trend des Spielzeugautobaus lag auch JNF-Neuhierl mit seinen Rennwagen nach den damals aktuellen Mercedes-Benz-Vorbildern des Typs W 196 (Vollstromlinie oder freistehende Räder) für die Formel-1. Sie begeisterten die Buben um 1954, wie auch der Porsche 356-Prototyp aus dem gleichen (Blech-)Modelljahr oder der große Mercedes-Benz 300, genannt Adenauer-Mercedes. Der Distler-Porsche 356, von 1955 bis 1962 gebaut, überraschte mit seinem echten Zündschlüssel. Gama aus Fürth setzte auf die Luxusklasse. Im Jahr 1948 begann man die Automobilproduktion mit einem kleinen Buick, »der nicht vom Tisch fiel«. Dieses Auto wurde mit einer Schuco-Lizenz gebaut. Dann kamen 1955 der Opel-Kapitän und der stolze Cadillac mit seinem riesigen Chromgrill. Dieses Auto wurde später (um 1970?) mit Gama-Werkzeugen nochmals von Joustra in Frankreich aufgelegt. Günthermann lieferte ebenfalls große »Amerikaner«, bis hin zum Caravan. Tipp & Co gewann 1954 die Herzen aller Jungen mit seiner großartigen Serie auf der Basis des VW-Transporters, »Bulli« genannt. Es gab den Coca-Cola-Transporter, den Samba-Bus mit seinen charakteristischen Oberlichtern, eine Werksfeuerwehr und noch andere Varianten.

Autorennbahnen gab es auch in Blech. Märklin baute zweispurige Bahnen schon lange vor dem Krieg, ebenso Tippco (»Reichsautobahn«) und weitere

Blechspielzeughersteller. Die heute allgemein verwendete Sammlerbezeichnung »Tippco« für Tipp & Co beruht übrigens auf deren einstiger Telegrammadresse.

Nach dem Krieg fand das Schuco-Varianto-System viele Anhänger, bevor die Slotracing-Bahnen um 1963 (Stichwort: Carrera/JNF-Neuhierl) die Grand-Prix-Atmosphäre in alle Kinderzimmer brachten: Sieg und alle weiteren Spitzenplätze für den Kunststoff.

Das Kinder-Wunderland »Schuco«

Schuco-Autos sind geniale, kompakte Kleinspielzeuge, die seit Mitte der dreißiger Jahre Generationen von Schulbuben begeisterten. In den siebziger Jahren fehlte zunehmend der konstruktive Schwung, und die nun angebotenen Kunststoffmodelle ließen den gewohnten Schuco-Pfiff vermissen. Die Käufer, Eltern, Großeltern, Onkel und Tanten, verbanden mit der Marke Schuco Erinnerungen an ihre eigene Kindheit – und die spiegelten sich nicht in den Plastik-Erzeugnissen der siebziger Jahre. Hier wurde die Rohstoffumstellung zum Dilemma. Das Ende kam dann schnell. Gama-Mangold kaufte Schuco im Jahr 1980, und heute werden bei Trix in Nürnberg wieder frühere Schuco-Blechautos hergestellt. Jetzt allerdings mehr für

Schuco-Magico, ein Alfa Romeo-Nachbau. Wenn man die Antenne berührt, fährt das Auto oder es hält an.

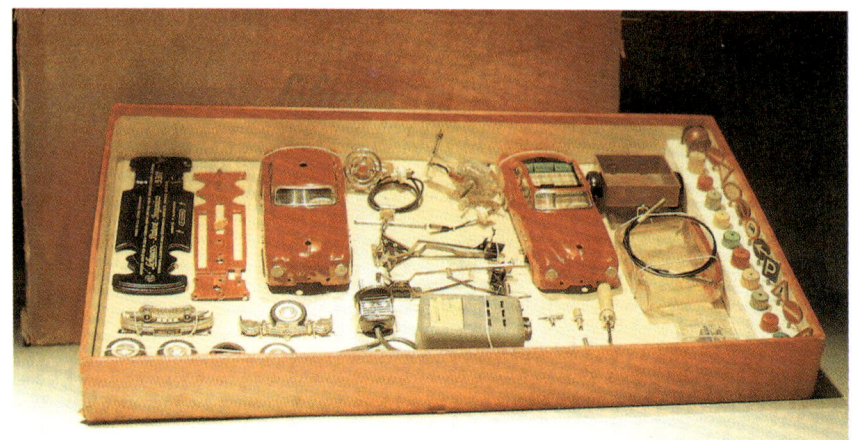

Sammler, denn auch im Kinderzimmer blieb die Zeit nicht stehen.

Bekannte Schuco-Automodelle sind Patent-Motor-Car (1935)/Patent-Auto, die Maybach-Limousine, das Fex-, Kommando-, Studio-, Examico-, Acustico- oder das Ingenico-Auto. Später dann die Oldtimerserien oder zuletzt noch die Formelwagen. Motorräder baute Schuco ebenfalls in bunter Vielfalt und mit überraschenden Funktionen: Curvo, Charlie, Motodrill, Sport oder Mirakomot.

Wunder gibt es immer wieder – auch bei Blechautos

Da baute in den fünfziger Jahren die Firma Hans Prottengeier (HPZ) in Zirndorf bei Nürnberg ein lustiges Auto im US-Straßenkreuzer-Stil (HP-001). Der Gag dieses Wagens: Er hält an, die Tür geht auf, und der Fahrer steigt aus. Dann steigt er wieder ein, schließt die Tür und fährt weiter. Soweit ist die Sache vielleicht nicht einmal ungewöhnlich. Denn ähnliche Kunststückchen hatten auch andere Hersteller in ihre Autos installiert.

Aber folgendes ist ungewöhnlich, wenn auch nicht sensationell: Im Herbst des Jahres 1992 tauchten plötzlich einige hundert dieser Autos, fabrikneu im Originalkar-

74

ton, aus einem Händlerlager auf und kamen auf Floh- und Sammlermärkte – zu einem angemessenen Preis von etwa 100 Mark. Dieses HP-001-Auto ist, wie die Nummer schon sagt, Prottengeiers erstes Spielzeugauto, und es blieb auch sein einziges, vielleicht sogar das einzige Blechspielzeug dieses Herstellers überhaupt. Denn die Firma Prottengeier fertigte hauptsächlich Werkzeuge für andere Spielwarenhersteller.

Solche Lagerfunde sind kein Einzelfall. Diese netten Überraschungen gibt es immer wieder. Gerade bei neuerem Blechspielzeug, beispielsweise Nachkriegsautos von Schuco, sind solche Kistenfunde nicht selten.

Ein das Sammlerherz zerreißendes Drama schilderte allerdings Claus Heinrich Meyer in der »Süddeutschen Zeitung« vom 20. Oktober 1976: Im »Kaufhof« in Trier war ein Posten von über hundert fabrikneuen Blechspielzeugen der Solinger Firma Walter Stock (Warenzeichen: zwei gekreuzte Spazierstöcke) aufgetaucht: Schweinekutschen, Gänsekutschen... Doch der Glücksfund wurde von den auf Sicherheit bedachten Spielzeugverkäufern schnell eingestampft. Die Sachen waren doch so scharfkantig und daher als Spielzeug viel zu gefährlich!

Alte Schuco-Modelle sind heute wieder im Handel.

Das Spielzeugmotorrad erobert das Kinderzimmer

Wie das Auto, so spiegelt auch das Spielzeugmotorrad das ganze Spektrum der Technik und der Zeit. Interessant ist, daß das Motorrad offenbar deutlich später als das Automobil in die Kinderzimmer kam. Während Spielzeugautos schon aus der Zeit um 1895 bekannt sind, wurden die wohl ersten Blechmotorräder, Lehmanns »Mars« (EPL 450) und die »Ängstliche Braut« (EPL 470), erst 1901 gebaut. In der Wirklichkeit fuhr das Motorrad dem Auto voraus. Das Dreirad »Mars« war die Vorstufe zum Modell »Ängstliche Braut«. Lehmann hängte an das Dreirad einen nachlaufenden Personenwagen an, und die darin sitzende Braut verbarg bei schneller Fahrt ihr Gesicht in einem Taschentuch – durchaus realistisch. Diese damals üblichen Beiwagen waren die Vorläufer der späteren Seitenwagen.

Um das Jahr 1910 fertigte Günthermann mit seinem kettengetriebenen Modell ein Motorrad in der noch heute gültigen Linienführung. Greppert & Kelch lieferte ein Modell mit einem Seitenwagen in offener Sesselform.

Lehmann hatte bereits 1908 die patentrechtlichen Grundlagen für sein »Halloh«-Motorrad (EPL 683) geschaffen, das dann im Jahr 1914 erschien und bei dem ein Kreisel für die Erhaltung der Richtungsstabilität während der Fahrt sorgte. Bei dem Nachfolgemodell »Echo« aus dem Jahr 1917 (EPL 725) hat man auf den Kreisel wieder verzichtet. Dieses Modell wurde durch ein Federwerk angetrieben und mit Stützrädern stabilisiert. Frühe lithographierte »Echo«-Motorräder trugen einen handlackierten Fahrer; bei den späteren Modellen waren beide Komponenten bedruckt.

Anfang der zwanziger Jahre erschienen Motorräder bei Fischer, Greppert & Kelch, Günthermann, Kellermann, Kienberger (Huki), Levy, Moko-Kohnstam (Hersteller?), Müller & Kadeder, Tipp & Co sowie vielen anderen Herstellern. Diese Motorräder waren zum Teil auch mit Seitenwagen lieferbar.

In den dreißiger Jahren wurden die Motorräder größer und die Funktionen interessanter. Tipp & Co baute ausgesprochene Modelle, so auch Hausser-Elastolin
oder Lineol, im Maßstab passend zu den Spielzeugsoldaten. Kellermanns »Socius 353« fuhr abwechselnd
nach rechts oder links und der Sozius legte sich jeweils in die richtige Kurve. Es gab Motorräder mit
Batteriebeleuchtung, zum Beispiel das Tipp & Co-Ge-
spann T 689 aus dem Jahr 1936. Tippco hatte auch einen Dreirad-Frontlader im Programm, wie er damals
auf den Straßen häufig anzutreffen war. Zunehmend
konnten die Spielzeugmotorräder konkreten Vorbildern zugeordnet werden. So baute Technofix mit der
Startnummer 4 ein ziemlich genaues Abbild der damaligen Rennmaschine von BMW für Privatfahrer,
während Arnold das Boxer-Modell von Zündapp
überzeugend gestaltete. Saalheimer & Strauss lieferte
ein kleines Gespann mit geschlossener Seitenwagen-
kabine. Schuco baute ab 1937 sein erstes Motorrad unter der Bezeichnung »Sport« (Katalognummer 1012),
das nach dem Krieg in »Mirakomot 1012 Wende-Mo-
torradfahrer« umbenannt wurde. Der Zeit entsprechend wurden viele Zivilmotorräder gleichzeitig in
feldgrauer »Kradmelder«-Version geliefert. Erstaunlich ist hier wieder, daß gerade unter diesen Militär-
motorrädern eine Reihe skurriler Modelle zu finden
sind. Erinnert sei nur an die vielen Modelle mit einer

Feuersteinkanone auf dem Tank und einem Splitter-
schild zum Schutz des Fahrers.

Nach dem Zweiten Weltkrieg fertigten die Blechspielzeughersteller zunächst wieder mit den noch vorhandenen Werkzeugen, soweit diese den Bombenha-
gel überstanden hatten. Bald kamen auch schon neue
Modelle hinzu, die meist aber noch auf Ideen aus der
Vorkriegszeit beruhten. Schucos bekannte Motorrad-

serie entstand. Der »Curvo 1000«-Fahrer (1950) konnte ein vorgegebenes Programm absolvieren, das sich mit einer Rändelschraube (»Lenkungsdämpfer«) einstellen ließ. Kellermann lieferte um 1950 ein Renngespann mit der Startnummer 320, die gleichzeitig der Katalognummer entsprach. Dieses Fahrzeug wurde – wohl in Anlehnung an das berühmte »Tourist Trophy«-Rennen auf der Insel Man in der Irischen See – »Tourist« genannt. Denn es entspricht genau den Amateur-Renngespannen dieser Zeit mit einem gestrippten Tourenbeiwagen. Der Beifahrer konnte sich analog dem Kurs in die Kurve legen. Tipp & Co fertigte um 1955 das vorbildgetreue »Silver Racer«-Renngespann, bei dem sich der Blechbeifahrer fachgerecht »turnt«. Arnold aber schoß den Vogel ab: Der »MAC 700«-Solofahrer steigt tatsächlich auf die Maschine, fährt davon, steigt ab, steht dann neben dem Motorrad, steigt wieder auf und fährt weiter... Dieses Motorrad gilt heute als Krönung jeder Spielzeug-Motorradsammlung jüngerer Zeit. Arnold lieferte zudem das vollverkleidete Weltrekord-Motorrad von NSU, und Kienberger-Huki hängte eine NSU-»Blauwal«-Verkleidung vor das Vorderrad eines Motorrades mit Zweizylinder-Boxermotor. Doch das war damals nicht besonders schlimm, Hauptsache, es stand überhaupt NSU darauf. Denn die NSU-Motorradasse Haas, Hollhaus, H. P. Müller und Baltisberger waren damals so populär wie heute Prost, Senna oder Schumacher mit ihren Formel-1-Autos.

In den fünfziger Jahren bauten mehrere Blechspielzeughersteller, in Anpassung an das Straßenbild, Motorroller in freier Interpretation oder nach realen Vorbildern. So beispielsweise Technofix und HWN oder Tipp & Co mit einem sehr guten Modell der Zündapp-Bella.

Zwischen Auto und Motorrad: die Go-Karts

Hier sollen noch die Go-Karts erwähnt werden, eigentlich Zwitterfahrzeuge. Vom Auto stammt die Konzeption des Vierradfahrgestells, vom Motorrad das Antriebsaggregat. Blech-Karts sind sehr selten,

Nach deutschem Vorbild wird dieses Seitenwagenmotorrad heute in Frankreich wieder gefertigt.

denn ihre echten Vorbilder tauchten erst ziemlich spät auf. Das erste offizielle Rennen mit diesen leistungsfähigen Miniflitzern auf deutschem Boden wurde am 24. April 1960 in Wiesbaden in einer Kaserne der US-Army gefahren. Die wahrscheinlich bekannteste Blechnachbildung eines Go-Karts mit einem Fahrer aus Kunststoff schuf Schuco unter der Katalognummer 1055 – ganz aktuell im Jahr 1961.

Parallel mit dem anderen Blechspielzeug verschwand das Blechmotorrad in den sechziger Jahren aus den Kinderzimmern. Allerdings: Es kam damals nicht – wie die anderen Spielzeuge – in Kunststoffbauweise zurück. Denn das Motorrad verschwand damals als Verkehrsmittel aus dem Straßenbild. Die Motorradfahrer stiegen um auf Kleinwagen, und die Motorradfirmen (DKW, NSU, Zündapp und so weiter) mußten ihre Produktion umstellen oder ihre Pforten schließen.

Einige Modelle deutscher Hersteller wurden im Ausland weiter produziert, so das Technofix-Motorrad mit der Startnummer 2. Es wurde bis zum Jahre 1958 in Nürnberg gebaut und kam später für einige Jahre aus Frankreich auf den deutschen Markt, erkennbar am Aufdruck »Made in France« .

Das große Tippco-Motorrad mit Windschutzscheibe (Katalognummer 598, 29 cm lang), in Nürnberg bis
etwa 1964 produziert, kam später aus Spanien, gefertigt von der Firma Paya, einem traditionellen Blechspielzeughersteller.

Es gibt auch heute noch Blechmotorräder. Sie kommen meist aus dem östlichen Ausland und werden
gezielt für Sammler verkauft. Manchmal haben sie
auch ganz witzige Funktionen: Ein aus Indien stam-
mender Rennfahrer duckt sich während der Fahrt hinter die Frontverkleidung und richtet sich dann wieder
auf. Allerdings basiert dieses nun indische Motorrad
auf einem Vorgängermodell aus Japan.

Es gab auch Spielzeuge mit Motorrädern als Zubehör: So von Arnold um 1955 das Volksfestspiel mit
Motorradfahrer als Antrieb und Gegengewicht zum
Artisten im Rhönrad, das als Steilwandattraktion auf
der Verpackung angekündigt wurde. Einen »richtigen« Steilwandkessel gab es auch, allerdings mit einem Rennwagen bestückt und von Gama hergestellt.
Huki lieferte um 1960 zwei über eine Rampe sprin-
gende Moto-Cross-Fahrer, deren Maschinen stromli-
nienverkleidet waren – etwas unüblich im Gelände-
sport...

Dampfmaschinen und ihre Antriebsmodelle

Das typische Väterspielzeug

Die Spielzeugdampfmaschine verkörpert nostalgische Technik par excellence. Hier wurden von spielenden Vätern – seltener von den mitspielenden Söhnen – die Naturgewalten Feuer und Wasser »gebändigt« und durch den erzeugten Dampf in Energie umgesetzt. Das war ein Erlebnis! Die von einer Spielzeugdampfmaschine ausgehende Faszination bestand über Generationen, endete jedoch spätestens mit dem Ver-

Zwei stehende Dampfmaschinen von Ernst Plank, Nürnberg.

schwinden der letzten Dampflokomotiven aus dem Fahrbetrieb. Andere Antriebsarten hatten den Wettlauf im Bereich der Technik gewonnen: der Verbrennungsmotor beim Automobil und die Elektromotoren bei den Bahnen und in den Werkhallen.

Begonnen hatte alles mit James Watt. Der Engländer erhielt im Jahr 1784 ein Patent für seine »doppeltwirkende Kolbendampfmaschine«. Doch es dauerte dann noch rund achtzig Jahre, bis Kinder mit Dampfmaschinen spielen konnten – wenn Dampfmaschinen überhaupt jemals *Kinder*spielzeug waren. Denn der Umgang mit Brennspiritus war und ist nicht ungefährlich. Denken Sie nur einmal an die sommerlichen Grillfeste und die Brandberichte in der Montagszeitung...

Wolf Kaiser nennt in seinem grundlegenden Buch zum Dampfspielzeug (siehe S. 248) das Jahr 1867 als mutmaßliches Entstehungsjahr der weltweit ersten serienmäßig gefertigten Spielzeugdampfmaschinen bei Ernst Plank in Nürnberg. Kaiser erkennt technische Probleme in der Spielzeugfertigung als langjährigen Hinderungsgrund und verweist dabei auf den feststehenden Zylinder bei Watt. Das beim Spielzeug dann angewandte Prinzip des oszillierenden Zylinders (Wackelzylinder) war aber schon seit William Murdocks Patent aus dem Jahr 1785 bekannt – also genauso lange, wie die patentierte Dampfmaschine selbst. Wieso dauerte es dann noch über achtzig Jahre bis zum Erscheinen der ersten Plank-»Dreibeiner«? Als einen Grund für den späten Start der Spielzeugdampfmaschinen könnte man das Fehlen von Metalldrückbänken im Nürnberger Raum vor 1850 ins Gespräch bringen – jedoch nur wegen der damit möglichen rationelleren Fertigungsmöglichkeit. Denn prinzipiell bestanden die Möglichkeiten zur Fertigung von Spielzeugdampfmaschinen auch schon vorher.

Aufgrund ihrer Ausstattung mit drei Standbeinen aus Blechstreifen werden diese frühen Spielzeugdampfmaschinen heute von den Sammlern »Dreibeiner« genannt.

Wenn sich der Start der Spielzeugdampfmaschinen – aus welchen Gründen auch immer – lange ver-

*Stehender Heiß-
luftmotor von
Märklin, in den
zwanziger Jahren
gebaut. Damals
wie heute eine Be-
sonderheit.*

zögert hatte und außerdem nach 1867 die Produktion
nur zögerlich in Gang kam, so »explodierten« die Produktionszahlen nach 1885 förmlich.

Im Gründungsjahr 1875 baute Schoenner 478
Dampfmaschinen, wie wir aus alten Festschriften wissen. Zehn Jahre später waren es 10 225 und im Jahr
1888 sogar 57 554 Exemplare. Um das Jahr 1893 lag
die Produktion bei 200 000 Dampfmaschinen. 1899
fertigte Plank 80 000 Maschinen. Kaiser nennt in seinem Buch etwa dreißig Hersteller, rechnet aber den
»Großen Acht« allein über neunzig Prozent Marktan-
teil zu. Als die »Großen Acht« bezeichnet er Plank,
Schoenner, Bing, Carette, Märklin, Krauss Mohr & Co,
Falk und Doll.

Grundsätzlich kann man die Spielzeugdampfmaschinen in zwei Baugruppen einteilen: einmal die
»stehenden« Dampfmaschinen und dann die »liegen-
den« Dampfmaschinen – jeweils so benannt nach ihrer Kessellage. Die Miniaturstücke hatten alle technischen Eigenheiten wie ihre großen Vorbilder. Als
grundsätzliche Unterscheidung waren die Billigmo-
delle mit dem oszillierenden Zylinder, dem sogenannten Wackelzylinder, ausgestattet. Teurere Maschinen
verfügten über einen oder mehrere regulierbare fest-
stehende Zylinder. Zweizylindermaschinen bauten
Märklin, Bing, Doll und andere Hersteller. Sonder-
bauformen wurden in großer Zahl angefertigt, beispielsweise die sogenannten Schiffsdampfmaschinen,
deren Konstruktionsmerkmal darin bestand, daß die
stehenden Zylinder über der Kurbelwelle angeordnet
waren. Oder die »stehenden Lokomobile« , bei denen
das Triebwerk über dem Kessel angeflanscht war.
Fahrbare Lokomobile gab es (und gibt es auch heute
noch) in vielfältiger Form, etwa als Dampftraktor,
Dampfwalze oder Dampffeuerspritze. Zu den Spielzeugdampfmaschinen zählen ebenso Dampfturbinen
sowie Heißluft- oder Vakuummotoren von Schoenner
oder Carette.

*Die Fleischmann-
Dampfwalze, her-
gestellt von 1949
bis 1956.*

Die Sägemühle von Doll. Ein Antriebs-modell für Dampf-maschinen.

Die Firma Märklin fertigte im Jahr 1954 ihre (vorerst) letzten Dampfmaschinen. Der »letzte Nürnberger«, die Firma Fleischmann, hat sogar noch bis zum Jahr 1969 Dampfmaschinen in ihren Katalogen angeboten. Serienmäßig hergestelltes Dampfspielzeug ist aber in Deutschland auch heute noch nicht ausgestorben. Die Firma Wilesco, Wilhelm Schröder & Co in Lüden-scheid, produziert noch heute eine recht breite Palette von Dampfmaschinen bis hin zu fahrbaren Lokomobi-len, Dampfwalzen und einer Dampffeuerwehr.

Eine Spielzeugdampfmaschine kann nun durchaus ihren Selbstzweck haben. Das heißt, mit der von der Dampfmaschine entwickelten Kraft geschieht nichts, sie wird nicht genutzt, die Maschine läuft einfach und wird dabei immer schneller, schneller..., bis im gün-stigsten Fall der Spiritusvorrat im Brenner zur Neige geht. Es riecht bei diesem Spiel so schön nach heißem Öl, Spiritus – wie einst an Weihnachten in der Kind-heit. Vielen Dampfmaschinen-Freunden genügt diese Erlebnisform. Warum auch nicht!

Wer mehr will, wer die Kraft der Dampfmaschine »sinnvoll« nutzen möchte, braucht ein sogenanntes »Antriebsmodell«. Wem ein solches Bewegungsspiel-zeug nicht genügt, der benötigt zusätzlich eine

»Transmission«, einen »Verteiler« der von der Dampfmaschine erzeugten Antriebskraft auf eine bestimmte Anzahl von Betriebsmodellen. Die Transmission besteht aus einer zweifach in Gußböcken gelagerten Welle mit mehreren Schnurlaufrollen. Die kraftschlüssige Verbindung zwischen der Dampfmaschine und der Transmission, beziehungsweise zwischen der Transmission und den Antriebsmodellen, erfolgt durch spezielle Drahtspiralen, früher begnügte man sich mit feingedrillter Kordel.

Der Spielwert einer Dampfmaschine hängt also weitgehend ab von der Verbindung mit einem Antriebsmodell. Früher besaß das Kind neben der Dampfmaschine kaum mehr Antriebsmodelle, als die Transmission freie Schnurlaufrollen (»Riemenscheiben«) hatte. Das waren dann maximal fünf bis sechs dieser Bewegungsspielzeuge.

Heute hat sich das Sammeln der Antriebsmodelle zu einem nahezu eigenständigen Sammelgebiet entwickelt und ist nicht notwendigerweise mit der ständigen Suche nach neuen Dampfmaschinen verbunden. Natürlich wird jeder Sammler von Antriebsmodellen auch eine oder zwei Dampfmaschinen besit-

Fleischmann-Antriebsmodelle: Schmied mit Amboß, Wurstmaschine mit Metzger, Schleifstein mit Schleifer.
Im Hintergrund das Handmuster eines Holzschneiders. Dieses Modell wurde nicht mehr angeboten.

zen, allein schon zum stilechten Vorführen seiner Raritäten.

Antriebsmodelle wurden von allen Dampfmaschinenherstellern angeboten, vereinzelt aber auch von Fabrikanten, die sonst keine Dampfmaschinen im Angebot hatten. Offensichtlich in besonders großer Stückzahl gefertigt – und heute noch entsprechend häufig – sind einfache Windmühlen oder klappernde Hammer- und Stampfwerke aller Hersteller. Kreissägen, Schleifsteine und Schöpfwerke findet man ebenfalls nicht unbedingt selten.

Schwerer zu finden sind die großen Karussells. Dieses heute so beliebte Sammelstück Karussell war oft besonders filigran im Aufbau und somit zerbrechlich. Karussells als Antriebsmodelle gab es in jeder vom Jahrmarkt her bekannten Form, von der einfachen Schiffschaukel mit nur einer Gondel bis hin zum aufwendigen Etagenkarussell von Märklin oder Dolls wirklich riesigen Riesenrädern.

Es gab alle nur erdenklichen Bewegungsmodelle aus der Arbeitswelt, dazu Werkzeugmaschinen, aber auch Sportler am Reck (Kraus Mohr & Co) oder die Tanzfiguren Pat und Patachon von Wilhelm Krauss

Handwerker waren beliebte Darstellungen für Antriebsmodelle.

(WK). Komplizierte Gebilde mit manchmal recht umfangreichen Gebäudeteilen stellten die Sägewerksanlagen (Märklin, Doll) oder die Seil- und Rodelbahnen von Doll dar. Dreschmaschinen (Märklin, Bing) bildeten mit fahrbaren Lokomobilen eine ebenso schöne wie heute äußerst rare Kombination. Der große Bereich der figürlichen Arbeitsdarstellungen läßt sich in zwei Gruppen gliedern: die meist frühen »Flachmänner«, aus flachen Blechplatten gestanzt oder gesägt sowie die plastischen, in der Regel jüngeren Figuren.

Neben dem Spielzeug gab es wirkliche Lehrmittel, so das »Tellurium« von Plank oder Carette, das den Lauf des Mondes um die Erde demonstriert.

Fluggeräte

*Von Lilienthal bis zum Jumbo • Zeppeline, die
fliegenden Zigarren*

Obwohl es schon um 1800 Spielzeug-Montgolfieren
gab, beginnt für den Blechspielzeugsammler das
Zeitalter der Fluggeräte um das Jahr 1900, also noch
bevor die Brüder Orville und Wilbur Wright im Jahr
1903 mit ihrem Motorflugzeug »Flyer I« vom Erdbo-
den zu ihrem epochemachenden Hüpfer abhoben.
Die damaligen Fluggeräte waren vornehmlich Glei-
ter, aber auch skurrile Motorflug-Vorläufer mit Uhr-
werken oder Gummimotoren (verdrillte Gummibänder), für die es ja in der Wirklichkeit bis dahin noch
keine Vorbilder gab, nur Gedankenspiele. Der Pro-
pellerantrieb war nahezu die einzige Gemeinsam-

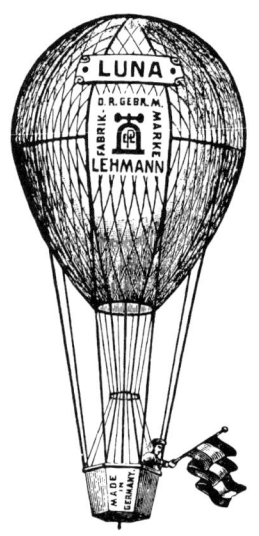

*Heißluftballon
»Luna«, um 1905
von Lehmann her-
gestellt.*

*Märklins »Drachen-
flieger« mit Uhr-
werkantrieb.
Um 1908.*

keit. Diese vor-epochalen »Aeroplane«, so die dama-
lige Bezeichnung, waren ihrer Zeit voraus, wie etwa
sechzig Jahre später die Blech-Weltraumschiffe oder
Roboter. Da diese »vorzeitlichen« Flugapparate sich
noch nicht an einem realen Vorbild orientieren mußten, zeigten sie alle nur erdenklichen Formen oder
Kombinationen. Es dominierten allerdings die Glei-
ter in Vogelform nach dem Berliner Lilienthal-Vor-
bild. Nach dem Erstflug der Brüder Wright wurden
die Formen konkreter. Bei den großen Herstellern
wie Bing, Carette, Märklin, Plank oder Schoenner
spielten Flugapparate zu dieser Zeit noch keine Rolle. Das änderte sich aber nach 1905 fast schlagartig.
Im Jahr 1909, als Louis Blériot den Ärmelkanal erstmals überflog, hatten die Flugapparate in den Katalogen der Spielzeughändler bereits so konkrete For-

*Das Wright-
Modell von Carette
um 1910.*

men, daß man Blériot-, Brequet- oder Rumpler-Typen erkennen konnte.

Als die filigranen Aeroplane den Himmel erobern wollten, zeigte sich ein Konkurrent, das Luftschiff. Der »Zeppelin«, so benannt nach seinem Konstrukteur, Graf Zeppelin, eroberte im Kinderzimmer schnell die Lufthoheit, vielleicht aufgrund seiner kompakten und klar definierten Form. Das Parseval-Luftschiff – der Name stammt von seinem Konstrukteur Major August von Parseval – war im Gegensatz zu seinem Konkurrenten, dem Zeppelin, flexibel und ballonähnlich, spielte aber im Kinderzimmer kaum eine Rolle und verschwand auch bereits vor dem Ersten Weltkrieg vom Himmel. Vorerst machte der Zeppelin das Rennen um die Gunst der Kinder; bis zum tragischen Ende des LZ 129 »Hindenburg« im Jahr 1937 in Lakehurst/USA blieb er ein ernsthafter Konkurrent zum Flugzeug. Blech-Zeppeline bauten fast alle Hersteller in mehr oder weniger wirklichkeitsgetreuem Zuschnitt. Carette gehörte zu den frühen Anbietern mit einer Vielzahl auch in der Form unterschiedlicher Modelle, daneben Märklin mit hoher technischer Qualität. Tipp & Co lieferte das wohl breiteste Programm der späten Zeppelin-Typen mit guten originalgetreuen Nachbauten.

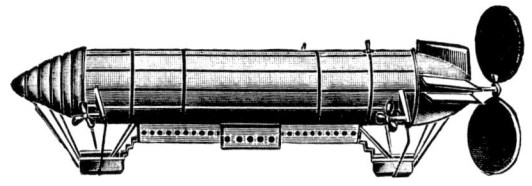

Carette-Zeppelin
um 1910.

Nach der Lakehurst-Katastrophe verschwanden die Zeppeline fast schlagartig aus dem Angebot und somit auch aus den Kinderzimmern. Hierfür die bereits bekannte Begründung: Spielzeug ist immer auf der

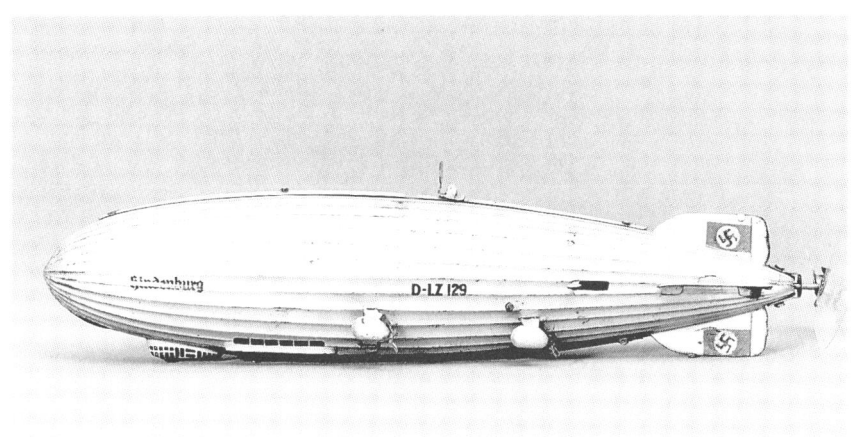

Der späte Tippco-Zeppelin D-LZ 129 »Hindenburg«.

Höhe der Zeit. Das Rennen zwischen dem Flugzeug und dem Zeppelinluftschiff war entschieden – wenn es überhaupt ein Rennen war. Denn die Idee des Zeppelinfluges war eher mit dem Ozean-Luxusliner verwandt, auch hinsichtlich der Geschwindigkeit.

Längst sind die Zeppeline vom Himmel verschwunden, wenn man auch manchmal noch Gummiluftschiffe mit Werbeaufschriften über den Großstädten sehen kann; doch haben diese nur wenig mit den ehemaligen Aluminiumschiffen aus Friedrichshafen zu tun. In den Blechspielzeugsammlungen aber sind die Zeppeline präsent, und sie erstaunen junge Besucher bei Ausstellungen immer wieder – abermals ein Beispiel für die Bewahrung historischer Modelle, deren Vorbild weltweit nicht mehr existiert.

Die nicht an wirklichen Vorbildern orientierten Blechflugzeuge verschwanden mit dem Erscheinen der Kundenkataloge um 1924 vom Markt. Die offenen »Drahtgestelle« hatten sich zu geschlossenen Ganzmetallflugzeugen entwickelt. In den dreißiger Jahren folgten dann echte Modelle wie Märklins Rohrbach-, Junkers- und Focke-Wulf-Flugzeuge, Fleischmanns großes Flugboot DO X (1933 bis 1938), Günthermanns Dornier-Verkehrsflugzeuge und Tipp & Co mit seinen Fieseler- und Heinkel-Modellen.

Neben all diesen großen Modellen muß an einen Zwerg erinnert werden, dessen asiatische Nachkom-

*Günthermann-
Passagierflugzeug
mit Piloten, um
1930.*

*Die Legende unter
den Flugbooten:
Dornier DO X mit
12 Motoren, von -
Fleischmann zwi-
schen 1933 und 1938
gebaut, Spannweite
45 cm.
Ein zusätzlicher
Hauptpropeller er-
zeugt »Wind« für die
anderen Propeller.*

*Der Ikarus-Flieger
von Lehmann wur-
de erstmals 1913
hergestellt. Eine
Spiralfeder trieb
den Propeller.*

men noch heute Freude bereiten – zumindest Blechspielzeug-Freunden: Der Fürther Hersteller Hammerer & Kühlwein (Firmenzeichen »HK«) baute über viele Jahre den legendären kleinen Überschlagflieger (»Looping-Flieger«). Hammerer & Kühlwein stellte zwar um 1965 (?) die Produktion ein, doch die Firma Johann Georg Schopper in Zirndorf produzierte diesen nun mit »J.G.SCH« bedruckten Looping-Flieger noch in den siebziger Jahren – und den kleinen lustigen Überschlagflieger gibt es noch immer. Heute kommen diese Blechspielzeuge aus Asien und sind nicht weniger beliebt.

Nach der Erinnerung an den Blechflugzeug-Clown von Hammerer & Kühlwein zurück zu den »Beinahe«-Modellen der dreißiger Jahre. Hans Biller (Habi) – später mit der Biller-Bahn bekannt – baute um 1934 ein kleines Flugzeug, das an die Wellblechmaschinen von Junkers erinnerte. Lehmann in Brandenburg hatte schon – neben zwei Zeppelin-Modellen in unterschiedlicher Bedruckung – von 1913 bis 1935 seinen »Ikarus« im Programm, ein gutes Modell des Grade-Eindeckers.

Nun baute diese Firma im Rahmen ihrer Gnom-Miniaturserie Blechflugzeuge nach den Vorbildern von Heinkel – HE 70, HE 110 –, beide in ziviler und militärischer Version sowie ein Jagdflugzeug nach dem englischen Vorbild der Supermarine Spitfire.

Der Renn-Tiefdecker auf Schwimmern (Schneider-Trophy 1930) von Jep/Frankreich zählt zu den besonders gelungenen Modellen dieser Zeit.

Ab 1933 lieferte Tipp & Co seinen bekannten Hochdecker »OLAF«, gebaut nach dem Vorbild von Heinkel mit vier Bomben zum Abwurf, die dann mit Zündblättchenknall am Fußboden explodierten. Bei einem anderen Doppeldecker-Modell (Katalognummer 28, »Fallschirmflieger«) springt der Pilot während des Fluges unter der Zimmerdecke mit dem Fallschirm ab. Die Militärmaschinen von Tippco, so ME 109 und ME 110, sind heute nur sehr schwer zu finden, obwohl sie einst in großen Serien gebaut wurden. Der Grund dafür: Diese vorbildgerechten Maschinen trugen das Hakenkreuz auf ihren Seitenleitwerken –

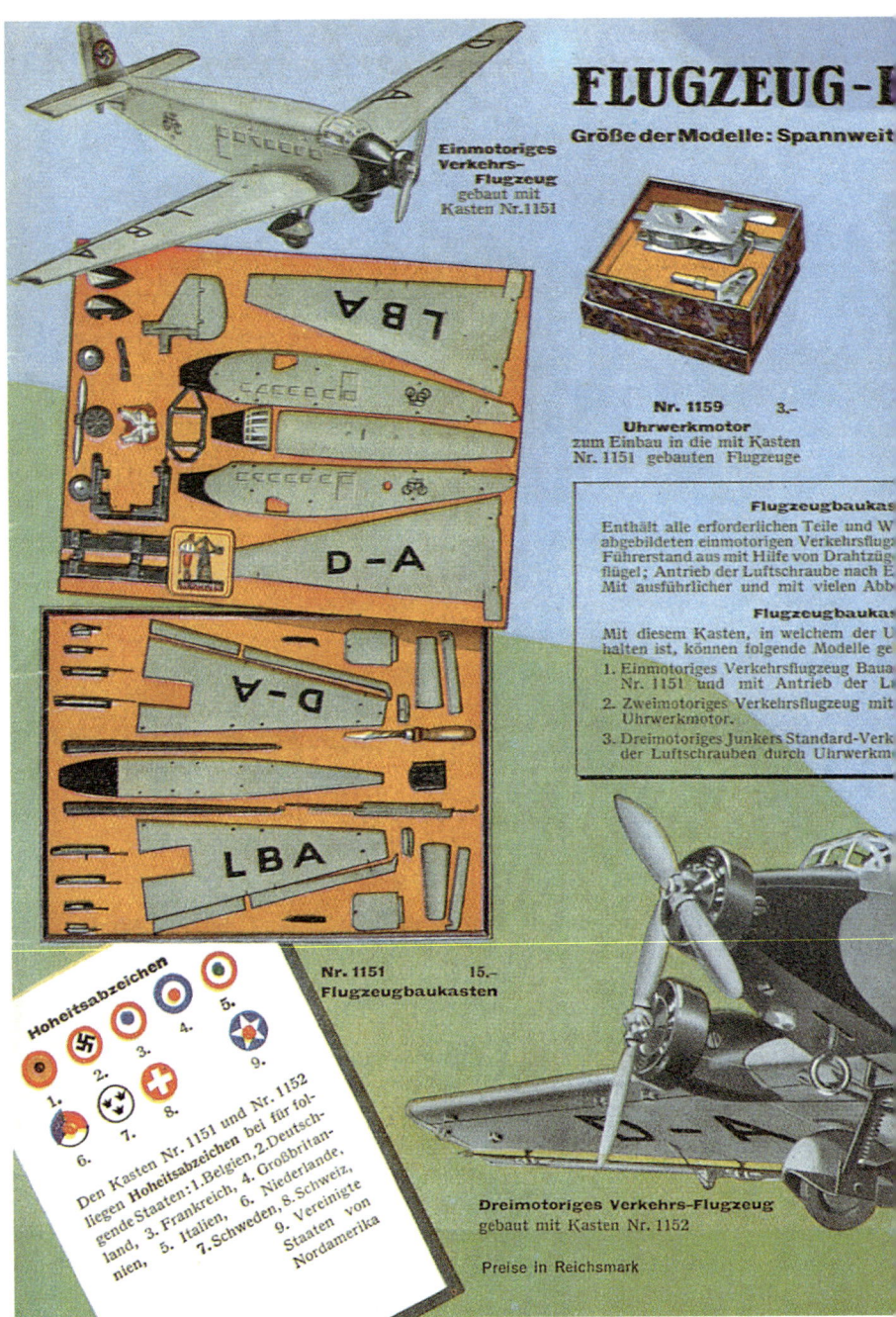

FLUGZEUG-

Größe der Modelle: Spannweit

Einmotoriges Verkehrs-Flugzeug gebaut mit Kasten Nr.1151

Nr. 1159   3.-
Uhrwerkmotor
zum Einbau in die mit Kasten
Nr. 1151 gebauten Flugzeuge

Flugzeugbaukas
Enthält alle erforderlichen Teile und W
abgebildeten einmotorigen Verkehrsflug
Führerstand aus mit Hilfe von Drahtzüg
flügel; Antrieb der Luftschraube nach E
Mit ausführlicher und mit vielen Abb

Flugzeugbaukas
Mit diesem Kasten, in welchem der U
halten ist, können folgende Modelle ge
1. Einmotoriges Verkehrsflugzeug Baua
   Nr. 1151 und mit Antrieb der L
2. Zweimotoriges Verkehrsflugzeug mit
   Uhrwerkmotor.
3. Dreimotoriges Junkers Standard-Verk
   der Luftschrauben durch Uhrwerkm

Hoheitsabzeichen

1. 2. 3. 4. 5.
6. 7. 8. 9.

Den Kasten Nr. 1151 und Nr. 1152
liegen **Hoheitsabzeichen** bei für folgende Staaten: 1. Belgien, 2. Deutschland, 3. Frankreich, 4. Großbritan-
nien, 5. Italien, 6. Niederlande,
7. Schweden, 8. Schweiz,
9. Vereinigte
Staaten von
Nordamerika

Nr. 1151   15.-
Flugzeugbaukasten

Dreimotoriges Verkehrs-Flugzeug
gebaut mit Kasten Nr. 1152

Preise in Reichsmark

KASTEN

zur modellgetreuen Nachbildung moderner Ganzmetallflugzeuge

Rumpflänge 37cm

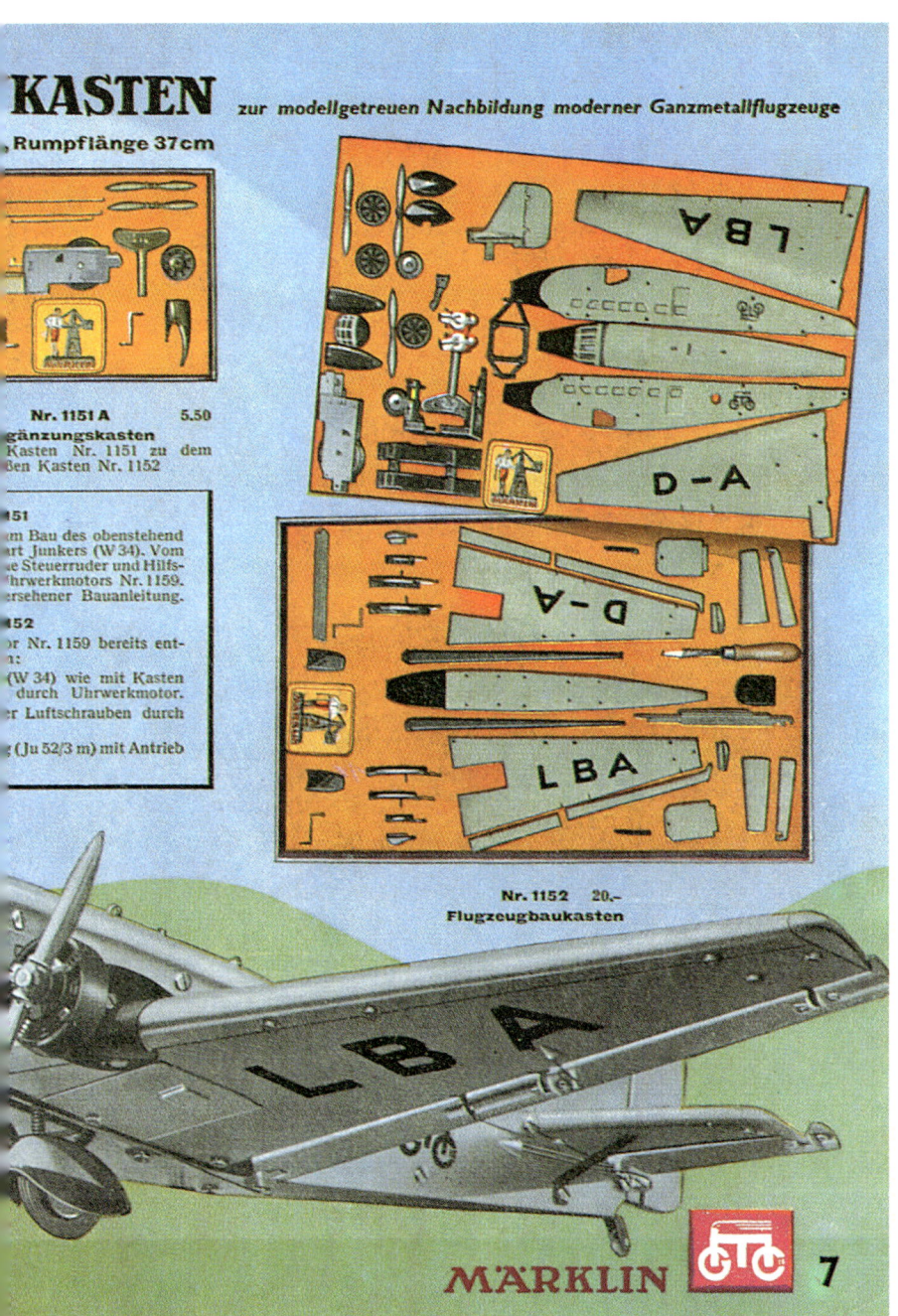

Nr. 1151 A   5.50
gänzungskasten
Kasten Nr. 1151 zu dem
ßen Kasten Nr. 1152

151
m Bau des obenstehend
rt Junkers (W 34). Vom
e Steuerruder und Hilfs-
hrwerkmotors Nr. 1159.
ersehener Bauanleitung.

152
or Nr. 1159 bereits ent-
:
(W 34) wie mit Kasten
durch Uhrwerkmotor.
er Luftschrauben durch

(Ju 52/3 m) mit Antrieb

Nr. 1152   20.–
Flugzeugbaukasten

MÄRKLIN   7

und beim Einmarsch der Besatzungstruppen im Frühjahr 1945 haben die Mütter in gebotener Eile auch die Kinderzimmer »entnazifiziert«. Alle mit einem Hakenkreuz versehenen Spielsachen landeten kurzerhand in der Mülltonne, so auch die Tippco-Flieger oder das Militärspielzeug ganz generell.

Ein großer Erfolg in den dreißiger Jahren wurden die verschiedenen Flugzeug-Baukastenmodelle von Dux und speziell Märklin. Die ein- und dreimotorigen Junkers-Flugzeuge (JU 52) des Göppinger Spielzeugherstellers bildeten zweifellos den Höhepunkt der Blechflugzeugproduktion. Bei Dux gab es nicht nur Baukästen mit standardisierten flächigen Stanzteilen, wie bei Meccano in England, sondern auch Bausätze für real »plastische« Modelle, so den »Stuka JU 87« (Stuka = *Sturzka*mpfbomber), ganz im Stil der Märklin-Baukästen.

Der Tippco-Bombenflieger OLAF mit 4 »explodierenden Bomben«, ab 1933 nach Heinkel-Vorbild gebaut.

Mitte der fünfziger Jahre begann mit den Modell-Verkehrsmaschinen die letzte große Ära der in Deutschland gefertigten Blechflugzeuge, die nun anstelle der Ozeanliner die Passagiere über den Atlantik brachten.

Arnold baute die Lockheed-Superconstellation (Air France, KLM, TCA und TWA) und dann um 1960 die SE-Caravelle. Gama Mangold startete 1954 mit dem Stratoclipper Boeing 377, um 1960 folgte die Boeing 707. Schuco lieferte unter dem Produktnamen

»Radiant« ab 1957 bis 1968 das Modell der Vickers-Viscount mit den Signets der Fluggesellschaften BOAC, Lufthansa, PAA, Sabena und Swiss Air. Tipp & Co knüpfte an seine Flugzeugtradition an und schuf exquisite Modelle wie die Martin 404 im Jahr 1952 und die Convair 240; 1955 folgte die Lockheed-Superconstellation als letztes Propellermodell vor dem ersten Düsen-Verkehrsflugzeug, der De-Havilland-Comet, um 1960.

Der Zeit entsprechend spielten die Hubschrauber in der deutschen Blechspielzeugherstellung nicht die Rolle, die ihnen einige Jahre später bei den japanischen Fabrikaten zukam. Es gab jedoch Hubschrauber aus deutscher Produktion: Hammerer & Kühlwein baute verschiedene Modelle, Arnold hatte Erfolg mit seinen spiraldrahtbetriebenen Hubschraubern, und Blomer & Schüler in Nürnberg fertigte sogar um 1960 noch den Sikorsky-Transporthubschrauber, genannt »Banane«, mit zwei Rotoren. Und schon um 1934 hat es ein sehr genaues Modell eines deutschen Herstellers nach dem Vorbild des Autogiro-Tragschraubers »De Cierva« gegeben, gebaut von Technofix/Einfalt, unter der Bezeichnung »Windmühlen-Flieger«.

Nach den letzten großen deutschen Verkehrsflugzeugen der fünfziger und sechziger Jahre besetzten die Japaner die nun entstandene Lücke. Sie fertigten zahlreiche schöne Blechmodelle moderner Verkehrsflugzeuge und Hubschrauber, die jetzt aber auch schon seit vielen Jahren zu den gesuchten Sammelstücken zählen und nicht mehr im Spielzeughandel zu finden sind. Später kamen noch vereinzelt große Blechflugzeuge aus China. Diese Flugzeuge sind zweifelsfrei ab Werk als Kinderspielzeug gedacht – doch im Spielwarenhandel findet man sie kaum, eher auf Sammlermärkten. Ist uns hier die Zeit schon voraus? Sind »irdische« Flieger im Kinderzimmer heute bereits »out«? Es scheint so, denn das Plastik-Raumschiff fliegt zum Krieg der Sterne in ferne Galaxien ...

Weltraumspielzeug und Roboter

*Die Domäne der Japaner • Sind die Roboter schon
ausgestorben?*

Als der Amerikaner Neil Armstrong als erster Mensch
am 21. Juli 1969 den Mond betrat, war die Blechspiel-
zeug-Ära dieser Zukunftsrichtung schon zu Ende.

Begonnen hatte der Bau von Blechraketen für das
Kinderzimmer ebenfalls mit einem Amerikaner, und
zwar in den frühen dreißiger Jahren. Der Comic Held
Buck Rogers flog damals in das 25. Jahrhundert und
löste damit die erste Welle des Weltraumspielzeugs
aus. Später, aber auch noch in den dreißiger Jahren,

*»Atomic Robot
Man«.
Ein früher Roboter
aus Japan, Ende
der vierziger Jahre
gefertigt.*

100

»Space Tank-V3«. Ein Weltraum-spielzeug von Ko-Yoshiya/Japan, hergestellt in den sechziger Jahren.

baute das englische Zweigwerk des amerikanischen Spielzeugriesen Marx seine legendäre Moon-Rider-Rakete. Diese Marx-Rakete gilt heute als Krönung jeder Sammlung von Weltraumspielzeug. Sie nahm nicht nur den damals technisch noch undurchführbaren Weltraumflug vorweg, sondern auch die heutige Zukunft. Der naiv anmutende Lithographiedruck zeigt hinter Fenstern fröhliche Passagiere, gekleidet wie zum Sonntagsausflug mit der Vorortbahn, eine Stewardess reicht Drinks. Die Piloten allerdings trauen dieser Idylle wohl nicht recht – sie tragen Raumanzüge. Was für ein Kontrast!

Wer Weltraumspielzeug und Roboter aus Blech sammeln will, muß sich unter den Erzeugnissen amerikanischer und vor allem japanischer Hersteller umsehen. Die deutsche Blechspielzeugindustrie hatte nur sehr wenig Weltraumspielzeug im Programm und überhaupt nur zwei Roboter.

Schon bald nach dem Zweiten Weltkrieg wurde der US-amerikanische Markt von Japan her mit federwerkbetriebenem Blechspielzeug überschwemmt. Rasch wich das Federwerk dem Batterieantrieb, und das bedeutete dann den Durchbruch für die Japaner. Denn nun konnten die Weltraumspielzeuge auch blinken und blitzen. Und genau das galt doch in der Kinderwelt als wesentliches Attribut von Weltraumstationen oder Ufos, den »Unbekannten Flugobjekten« aus anderen Welten. Die Japaner fertigten futuristisches Fluggerät ebenso wie realistische Modelle. Es gab Nachbildungen der amerikanischen Apollo-Kapseln, Marsfahrzeuge oder ringförmige Weltraumstationen. Einige bekannte Herstellernamen aus dem Land der aufgehenden Sonne sind Alps, Bandai, Daiya, SH-Horikawa, TM-Masudaya, TN-Nomura und Y-Yonezawa. Heute kommen solche Spielzeuge – jetzt in Kunststoffbauweise – kaum noch aus Japan, sie werden in China oder Indien gefertigt. International wird Weltraumspielzeug mit den Begriffen »Space«- oder »Luna-Objekte« bezeichnet.

Einer der ersten deutschen Hersteller von Weltraumspielzeug in den frühen fünfziger Jahren war Siegfried Günthermann (SG) in Nürnberg mit seiner in zwei Versionen gebauten »Fliegenden Rakete«. Die eine wurde noch ganz im Stil der alten Zeppeline mit einem überdimensionierten Celluloidpropeller bewegt; die Rakete der zweiten Version »fliegt« auf einem nach dem bekannten Metallbaukasten-Prinzip gelochten Blechband nach oben, wobei am Zenit ein hinten angehängter Fallschirmspringer ausgelöst wird. Diese Günthermann-Raketen haben beidseitig Fensterreihen und erinnern an das Vorgängermodell der Firma Marx aus den dreißiger Jahren.

Weltraumspielzeug verschiedener Art fertigten nach dem Zweiten Weltkrieg zu »Blechzeiten« noch die Firmen Arnold (Satellit), Biller, Carrera-Neuhierl (Apollo-Bahn), Dux (Roboter und Ufo), Gama, Günthermann, Strenco/Streng & Co (Roboter), MS-Seidel (Weltraumstation), Technofix, HWN-Wimmer, Wüco-Wünnerlein & Co und andere.

Die Roboter sind eine technische Weiterentwicklung der Spielzeugfiguren, wie sie jahrzehntelang von Lehmann in Brandenburg und von vielen Nürnberger Herstellern gefertigt wurden. Sobald sie mit dem Batteriemotor elektrisch gesteuert werden konnten, nahm die Zahl ihrer Funktionen zu, und die Hersteller statteten die jeweiligen Folgemodelle mit immer neuen Gags aus. Und doch war das auf Dauer den Kindern nicht genug. Der Spieleffekt war zu gering, die Kinder

»Robot ST1«, von
Streng & Co.,
Nürnberg.
Der einzige deut-
sche Blechroboter,
gebaut in den fünf-
ziger Jahren.

merkten das sehr schnell – der Absatz der batteriebetriebenen Figuren stockte.

Wenn schon der Beitrag der deutschen Blechspielzeugindustrie zur Eroberung des Weltalls im Kinderzimmer recht bescheiden ausgefallen ist, wie soll man dann ihren Tribut an die Erschaffung eines metallenen Arbeitssklaven beurteilen? Ganze zwei Roboter-Modelle schuf die bundesdeutsche Spielwarenindustrie, wobei nur einer davon, der »ST 1« der Firma Strenco/Streng und Co in Nürnberg, aus Blech gefertigt wurde. Dieser federwerkbetriebene Strenco-Roboter stammt aus den frühen fünfziger Jahren und wird unter Sammlern oft der Firma Georg Köhler in Nürnberg zugeschrieben. Köhler hatte aber nur zeitweilig den Vertrieb des ST 1 übernommen.

Die Lüdenscheider Firma Dux, Markes & Co lieferte ab 1958/59 kurzzeitig den »DUX-Astroman«, einen batteriebetriebenen Roboter mit Fernbedienung. Der Oberkörper der Figur wurde aus Kunststoff gefertigt.

Diese beiden einzigen Roboter aus heimischer Fertigung sind also ein Muß für jeden deutschen Sammler von Weltraumspielzeug. Dementsprechend sind auch die Preise geklettert. Die Produktionszahlen waren bestimmt nicht groß, und gegenüber ihren japanischen Konkurrenten werden diese Roboter wohl auch im Verkauf einen schweren Stand gehabt haben. Denn im Vergleich zu den farbenfrohen Japanern aus dieser Zeit wirkten sie eher blaß.

Der Spielzeugsammler »recyclet« bekanntlich nie einen Originalkarton, er bewahrt ihn auf. Bei Weltraumspielzeug oder Robotern kann der Originalkarton zum eigenständigen Sammelstück avancieren. Gerade diese Kartons finden in Designerkreisen hohe Aufmerksamkeit wegen ihrer oft skurrilen Bedruckung, die nach deren Meinung den »Zeitgeist« repräsentiert.

Noch ein Hinweis zum Umgang mit batteriebetriebenen Spielzeugen: Nehmen Sie stets die Batterien aus dem Batteriefach, bevor Sie das gute Stück in die Vitrine stellen. Sollten die Batterien auslaufen, verdirbt die Säure nicht nur das technifizierte Innenleben, auch die äußere Lithographie wird angegriffen – und dann kommt ganz schnell der Rost.

»R 35-Robot« von TM-Masudaya/ Japan mit Fernbedienung. Eine Novität in den fünfziger Jahren.

Weltraumspielzeug und Roboter gehören bereits zur Spielzeughistorie. Heute spielen die Kinder mit riesigen Raumschiffen aus Kunststoff und führen den »Krieg der Sterne« mit Kunststoffiguren ohne jeden Motorantrieb. Das Kind führt den Arm des Marsianers mit der Laserpistole und lenkt den Fuß des Raumschiffcommanders durch den Staub der Jahrmillionen. Es wird im Kinderzimmer wieder kreativ gespielt, die Zeit der Batterieautomaten ist anscheinend vorbei. Allerdings: Der Krieg der Sterne ist auch ein Krieg ...

Karussells

Die ganze Kirmeswelt in Blech

Im Laufe der vielen Produktionsjahre sind wohl alle
nur erdenklichen Karussells als Blechspielzeug gebaut
worden, bis hin zur großen Achterbahn oder dem Au-
toskooter. Grundsätzlich kann man diese Blechnachbildungen in zwei große Gruppen einteilen: Da sind
zunächst die eigenständigen Karussells, meist ausgerüstet mit einem Federwerkantrieb und vielleicht

*Großes Etagen-
karussell mit
Dampfturbinenan-
trieb. Von Hom-
mola in Zschopau
schon vor 1900
hergestellt.*

sogar mit einem Musikwerk. Daneben gibt es noch die umfangreichere Gruppe der Dampfmaschinen-Antriebsmodelle, also Karussells ohne eigenen Antrieb. Vermutlich haben alle bekannten Blechspielzeughersteller im Verlauf ihrer Firmengeschichte einmal Karussells in irgendeiner Form gebaut.

Aufwendige Karussells mit Federwerken findet man schon sehr früh. Lutz-Modelle wurden von Märklin weitergebaut und führten schließlich zu den großen und reich ausgestatteten Karussells des Göppinger Fabrikanten aus der Zeit vor 1910. Diese Modelle stehen heute in der Bewertungsskala der Blechkarussells »an einsamer Spitze«. Der Nürnberger Hersteller Doll & Co (Markenzeichen: DC), später von Fleischmann übernommen, baute sehr verschwenderisch ausgestattete Riesenräder (damals »Russische Schaukel« genannt), aber auch Flieger (Ketten) mit Flugzeuggondeln. Bing lieferte noch bei Einstellung der Spielwarenfertigung im Jahr 1932 Karussells, die auf bereits im Jahr 1912 gebaute Modelle zurückgeführt werden können. Die Achterbahn von Bing wurde ab 1912 wahlweise mit einem Elektromotor angeboten.

Karussells ganz besonderer Art produzierte der Zschopauer Dampfspielzeughersteller Bernhard Hommola (Marke: HO mit dem Zschopauer Stadtwappen) schon vor der Jahrhundertwende: große Etagenkarussells mit Dampfturbinenantrieb. Ein neben dem Karussell stehender Dampfkessel blies den erzeugten Dampf über eine Rohrdüse auf einen am Karussellboden montierten Zahnradring – und das Karussell drehte sich! Hommola lieferte diese Dampfkarussells in verschiedenen Größen und vielfältiger Form, vom einfachsten Stück bis hin zum Spielzeug mit Modellcharakter. Dieser sächsische Hersteller wurde erst ziemlich spät wiederentdeckt, als nämlich durch den staatlichen Antiquitätenhandel der ehemaligen DDR ein größerer Posten von Spielzeugen dieser bis dahin vergessenen Marke auf dem bundesdeutschen Sammlermarkt auftauchte.

Nach dem Zweiten Weltkrieg lieferte der Nürnberger Hersteller Hoch & Beckmann (HB) eine Auto-

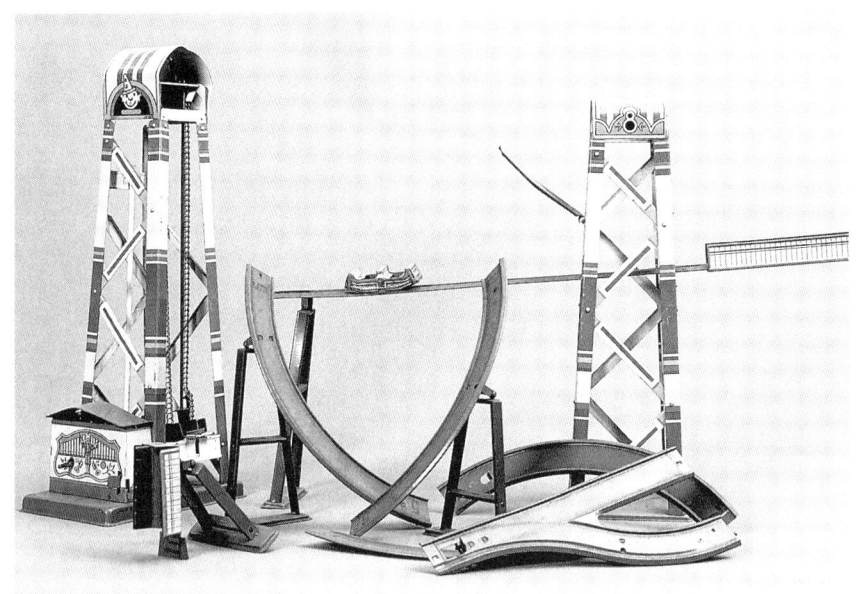

Kein Betriebsunfall! Die »Non-Stop-Kurvenbahn« von Göso aus dem Jahr 1949 wird erst aufgebaut; deshalb sitzen auch noch keine Fahrgäste im Wagen.

Links: Eine »Russische Schaukel« von Doll. Der Antrieb erfolgte durch Handkurbel oder mittels Dampfmaschine.

skooterbahn mit zwei Wagen und ein typisches Kinderkarussell mit Autos und Motorrädern. Götz & Sohn (Göso) in Fürth fertigte eine achterbahnähnliche »Non-Stop-Kurvenbahn«, die 1949 ein ausgesprochener Verkaufsschlager wurde.

Als Antriebsmodelle für Dampfmaschinen oder Heißluftmotoren hat man nicht nur einfache Karussells aller Art gebaut, es gab auch reich ausgestattete große Modelle. So beispielsweise bei Plank, dem Anbieter des wohl breitesten Sortiments. Das Riesenrad von Wilhelm Krauss (WK), angeboten etwa zwischen 1923 und 1930, ist ein Beispiel für schön lithographierte Karussells im Bereich der Antriebsmodelle.

Karussellspielzeuge sind übrigens nicht ausgestorben. Auf den Modellbahnanlagen lebt der Kirmesplatz noch immer – allerdings mit Kunststoffkarussells und möglicherweise sogar digital gesteuert... Die Zeiten ändern sich.

Laterna magica –
optisches Spielzeug

*Das dampfende Heimkino • Das Zeotrop , die Welt
im Rundlauf • 3-D ist nicht neu*

Laterna magica (lat., Mehrzahl = laternae magicae),
Chromatrop, Episkop, Guckkasten, Praxinoskop, Stereoskop, Thaumatrop oder Zeotrop – bis hin zum Kinematographen, dem Filmprojektor, bezeichnen alle
diese Begriffe optische Apparate aus der Zeit »als die
Bilder laufen lernten«. Heute sind die meisten dieser
Systeme längst vergessen, hier oder dort aber werden
solche Geräte noch in Spielzeugsammlungen aufbewahrt. Diese optischen Geräte zählen zu den Spielwaren, obwohl sie wahrscheinlich eher der Kurzweil der
Erwachsenen dienten oder auch zu Unterrichts-

zwecken an Schulen. Als echtes Kinderspielzeug kann man die meisten Geräte schon deshalb nicht einstufen, weil sie in der Regel mit einer Petroleumlampe betrieben werden mußten – oder später mit Elektrizität. Ihre frühere wie heutige Zuordnung zum Spielzeug liegt wohl in der Tatsache begründet, daß die meisten Hersteller dieser Apparate zu den Spielzeugfabriken zählten. Optische Spielzeuge – voran die Laterna magica, die Zauberlampe – wurden vor allem in Nürnberg und Paris gefertigt. Der vermutlich bekannteste Hersteller war Ernst Plank in Nürnberg, aber auch fast alle anderen Nürnberger Spielwarenhersteller dieser Zeit fertigten Laternae magicae und anderes optisches Spielzeug.

Der Guckkasten – mit ihm fing alles an – war schon im Mittelalter als Spielzeug bekannt. Ihm folgte die Laterna magica, deren früheste Beschreibung dem Mathematikprofessor Athanasius Kircher (1602 bis 1680) nachgesagt wird.

Die Laterna magica wurde in schier unendlicher Vielfalt gefertigt, vom einfachen Spielzeug (unter Aufsicht) bis hin zum professionellen Gerät für Lichtbildervorträge an Schulen, Universitäten oder in Vereinen. Für stets ausreichendes Licht sorgten Petroleumlampen mit geruchfreiem und nichtrußendem »Kaiseröl« (gereinigtes Petroleum), Spiritusgas-Glühlichtlampen, Gaslampen oder auch Elektrizität sowie Kohle-Bogenlampen mit ihrem grellen, weißen Licht. Im Laufe der Jahre wurden die Objektive immer weiter verbessert und Zusatzgeräte entwickelt, später sogar ein Vorsatzgerät für Filmstreifen zur Verwendung als Kinematograph. Bis zum Beginn der dreißiger Jahre war die Laterna magica ein geschätzter Artikel der Nürnberger Hersteller und bei Bing beispielsweise bis zum Produktionsende im Jahr 1932 im Programm. Die Filmvorführgeräte, ehemals Kinematographen genannt, lösten die Laterna magica ab.

Die Bildserien für die Laterna magica bestanden aus transparenten Drucken zwischen zwei Glasstreifen. Da Spielzeug früher in vielen Ländern (auch heute beispielsweise noch in der Schweiz) bei der Einfuhr nach Gewicht versteuert werden mußte, kamen cle-

Laterna magica von Falk/Nürnberg mit »Kaiseröl«- Lampe und Bildstreifen.

vere Nürnberger Laterna-magica-Fabrikanten auf folgende Idee: Sie lieferten an den ausländischen Kunden nur den Bildstreifen, gedruckt auf Gelatine (!) –
ohne die beiden Glasstreifen. Damit sparte man viel
Gewicht, und die Glasstreifen konnte sich der Importeur leicht im eigenen Lande selbst beschaffen und
montieren. Die Anleitung dazu hatte Ernst Plank sogar in seinem Katalog bebildert.

   Die Bilder wurden immer präziser, klarer und
durch Verschiebungen innerhalb eines Holzrahmens
auch beweglich – bis hin zum rundbeweglichen Bild
mit Kurbelantrieb. Man holte sich die ganze weite
Welt ins Wohnzimmer: Eskimos, Indianer, Afrikaner,

exotische Tiere oder auch das schlimme Eisenbahnunglück von Röhrmoos am 7. Juli 1889.

Das Zeotrop, auch Lebensrad genannt, war ein wirkliches Spielzeug unter den optischen Geräten. Es erfreute sich großer Beliebtheit und gilt, da es bereits Bewegungsabläufe zeigen konnte, als Vorgänger der Kinematographie. Das Zeotrop bestand aus einer rotierenden Metalltrommel mit in gleichen Abständen angebrachten Sehschlitzen. In die Trommel wurden die Papierstreifen mit den einzelnen Szenen gelegt. Eine Weiterentwicklung des Zeotrops war das Praxinoskop, das mit zwei ineinandergesteckten Trommeln arbeitete.

Die dreidimensionale Wiedergabe einer Fotografie ist keine Errungenschaft der zweiten Hälfte unseres Jahrhunderts (Viewmaster-Geräte, 3-D-Brillen), sie war schon Ende des 19. Jahrhunderts im Kinderzimmer möglich. In einen Holz- oder Metallhalter wurden anfangs spezielle transparente Glas-Doppelbilder gesteckt, später Fotografien oder auch Ansichtspostkarten, die eigens für diesen Zweck hergestellt wurden. Beim Blick durch die Linsen vermittelten die Bilder einen dreidimensionalen Raumeindruck. Noch heute pflegen Fotoclubs die Stereografie, populär »3-D« genannt.

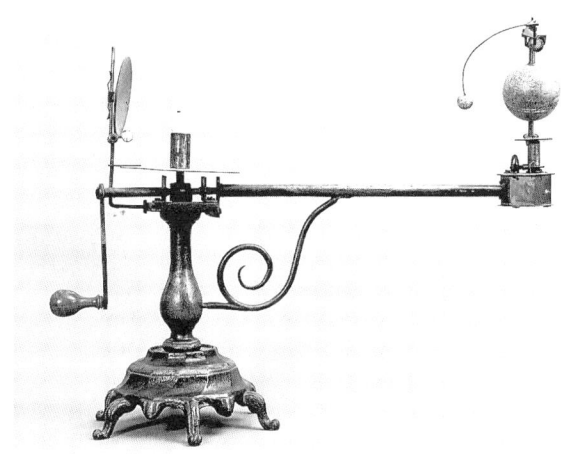

Ein wirkliches Lehrspielzeug: Tellurium, um die Jahrhundertwende. Ein Tellurium demonstriert den Lauf des Mondes um die Erde.

113

Ernst Plank baute vermutlich die breiteste Palette optischer Spielzeuge und Geräte – gerade bei den Laternae magicae müssen es für heutige Begriffe unglaubliche Produktionszahlen gewesen sein. Es ist bekannt, daß Plank Ende des 19. Jahrhunderts bereits jährlich 150 000 Laternae magicae produzierte. Rechnet man diese Zahl auf die damals in und rund um Nürnberg produzierenden Spielzeughersteller hoch – kaum auszudenken. Konkurrenz bekam die Laterna magica erst durch den Kinematographen, in den man sie allerdings durch ein Zusatzgerät auch verwandeln konnte. Das aufkommende Heimkino mit dem 16 Millimeter-Film (Kodak) stellte die Laterna magica dann aber endgültig ins Abseits. Die traditionsreiche Firma Plank wurde 1932 von den Nürnberger Gebrüdern Schaller übernommen; unter der neuen Firmenmarke »Noris« konzentrierte man sich auf Heimkinoprojektoren. Die Firma erlosch im Jahr 1980.

Ob Spielzeug oder nicht: Eine möglichst frühe und kunstvoll ausgeführte Laterna magica (mit Löwenfüßen und Messing-Objektivtubus), natürlich im Originalholzkasten mit Deckelbild, Gebrauchsanleitung und einem Satz Bildstreifen ist ein Traum, der preislich gesehen noch Wirklichkeit werden kann.

Mechanische Figuren

Von den höfischen Automaten
bis Lehmann oder Schuco

Als »Novelty Toys« bezeichnen die Sammler im englischen Sprachraum diesen Sektor des Blechspielzeugs und meinen damit Spielzeuge, die zu ihrer Zeit ein bedeutsames Ereignis – in Mechanik umgesetzt – in die Kinderzimmer gebracht haben. Ein typisches Beispiel dafür ist Lehmanns »Bestrafter Boxer«, EPL-Nummer 530, erschienen zum Zeitpunkt der Niederschlagung des Boxeraufstandes in China um das Jahr 1900. Oder eine Sensation aus dem nationalen Bereich: »Der Hauptmann von Köpenick«, EPL-Nummer 580. Als der Schuster Wilhelm Voigt im Jahr 1906 in Ber-

Der Günthermann-Automat »Musizierende Neger«, Uhrwerkantrieb mit Musikwerk.

115

lin-Köpenick unter Militäraufsicht die Stadtkasse entwendete, dauerte es nur wenige Monate, bis Lehmann auf der Basis des »Tanzmatrosen«, EPL 535, seinen Hauptmann von Köpenick in die Kinderzimmer geschickt hatte.

Es gäbe hier noch viele Beispiele anzuführen, denn die Lehmann-Figuren konnte man in der Mehrzahl als Novelty-Toys in diesem Sinne bezeichnen. Sie entstanden meist nach einer wirklichen Begebenheit, oder es wurden schnellstens vorhandene Modelle für den aktuellen Anlaß umgerüstet.

Heute bezeichnet man in Sammlerkreisen alle mechanischen (figürlichen) Bewegungsspielzeuge als Novelty Toys, sofern man sie nicht eindeutig anderen Blechspielzeuggattungen, wie Autos oder Eisenbahnen, zuordnen kann.

Typische Hersteller dieser mechanischen Blechspielzeuge waren Bing, Distler, Einfalt/Technofix, Fischer, Günthermann, Kellermann, Köhler, Levy/Gely und Staudt. Aber auch Greppert & Kelch in Brandenburg oder Stock in Solingen sind hier zu nennen. Im Grunde beschäftigten sich alle Nürnberger Hersteller irgendwann einmal mit diesen Figuren. Schuco war mit seinen Tanzfiguren der wohl letzte große Vertre-

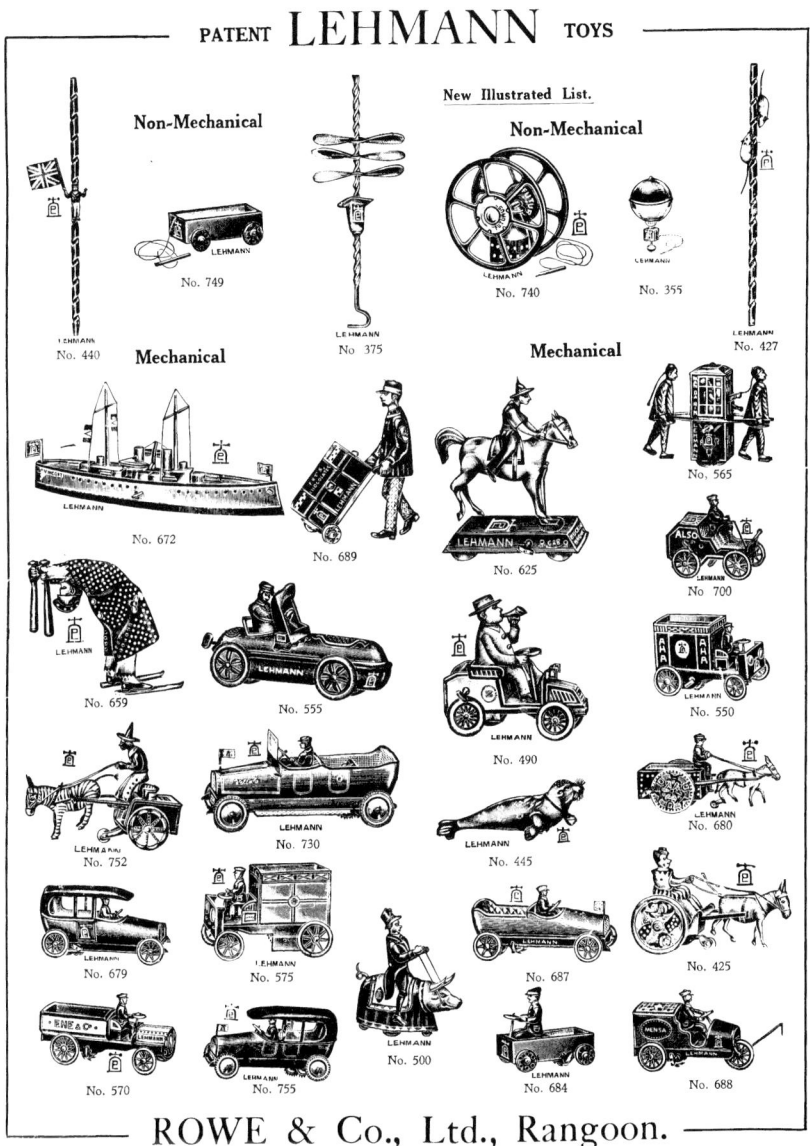

PATENT LEHMANN TOYS

Non-Mechanical

New Illustrated List.

Non-Mechanical

No. 749

No. 740

No. 355

No. 440 **Mechanical**

No 375

Mechanical

No. 427

No. 672

No. 689

No. 625

No. 565

No 700

No. 659

No. 555

No. 490

No. 550

No. 752

No. 730

No. 445

No. 680

No. 679

No. 575

No. 500

No. 687

No. 425

No. 570

No. 755

No. 684

No. 688

ROWE & Co., Ltd., Rangoon.

Die Liste eines Spielzeughändlers mit Blechspielzeug von Lehmann, herausgegeben in Rangun/Birma.

*Adam, der Koffer-
mann. Im Lehmann-
Programm von
1914 bis 1941.
Der Koffer kann
geöffnet werden.*

ter dieser Spielzeuggattung. Die Württemberger Hersteller, voran Märklin, aber auch Lutz oder Rock &
Graner, fanden anscheinend deutlich weniger Gefallen an diesen Spielzeugen, obwohl gerade Märklin einige schöne Stücke dieses Genres gefertigt hat, so den
Kunstfahrer-Corso »Fidelitas« mit der Katalognummer 8965 G.

Die Gruppe der mechanischen Figuren hat ihren
Ursprung in den kostspieligen Puppenautomaten des
18. Jahrhunderts. Ein bekanntes Beispiel ist der
»Schreiber« des Schweizers Pierre Jacquet Droz. Diese
Automatenfigur – sie steht heute im Musée d'Arts et
d'Histoire in Neuchâtel/Schweiz – schreibt Sätze bis
zu einer Länge von 40 Buchstaben, wobei die Augen
der Figur der Schreibfeder folgen. Henri Louis Droz,
Pierre Jacquets Sohn, baute später eine ähnliche Figur,
die zeichnen konnte.

Vereinfacht, aber wahrscheinlich in tausendfacher Auflage, fertigte um 1900 Philipp Vielmetter in Nürnberg (Firmengründung 1897) seinen zeichnenden Clown als Blechspielzeug. Austauschbare Kurvenscheiben steuerten die Bewegung des Stifts. Den Wünschen des Importlandes entsprechend wurden jeweils unterschiedliche Kurvenscheiben beigegeben: In Deutschland beispielsweise zeichnete dieser graphisch begabte Spaßmacher das Profil von Bismarck, für Frankreich Louis XIV, Napoleon oder den gallischen Hahn, und für England Königin Victoria und viele andere Figuren.

In Japan gab es bereits im ausgehenden 18. Jahrhundert Bücher mit regelrechten Bauplänen für mechanische Figuren. So zeigt Albrecht Bangert in seinem Heyne-Buch »Altes Spielzeug« (siehe S. 247) die detaillierte Bauzeichnung für einen mechanischen Flickflack-Turner. Lehmann griff die Flickflack-Idee im Jahr 1914 auf und baute seinen »Ajax«, EPL-Nummer 659 – jetzt nach dem Patent eines Amerikaners. Allein im Jahr 1914 sollen 10 000 Ajax-Figuren in Brandenburg gefertigt worden sein.

In Frankreich baute Fernand Martin (Firmenzeichen FM) ab 1878 Bewegungsspielzeuge. Diese Pariser Firma – 1919, nach Martins Tod, von Bonnet (VB et Cie/VEBE) übernommen – soll jährlich rund 800 000 mechanische Spielzeuge produziert haben. Martin übergab dem Musée Conservatoire des Arts et Métiers in Paris, 292 Rue St. Martin, eine komplette Sammlung seiner Spielzeuge, die noch heute dort besichtigt werden können. Die ältesten Stücke sind die mittels verdrillter Gummibänder bewegten Blechfische aus dem Gründungsjahr 1878; auch Martins erstes Federwerkspielzeug aus dem Jahr 1883, eine Ticktack-Mühle, gehört dazu.

Es ist überliefert, daß die meisten frühen Figurenhersteller mit Blechnachbildungen von Tieren begonnen haben. Das einst recht populäre magnetische Schwimmspielzeug – Fische, Schwäne, aber auch Schildkröten und Seehunde wurden meist mit Magnetstäben im Wasser bewegt – stand fast immer am

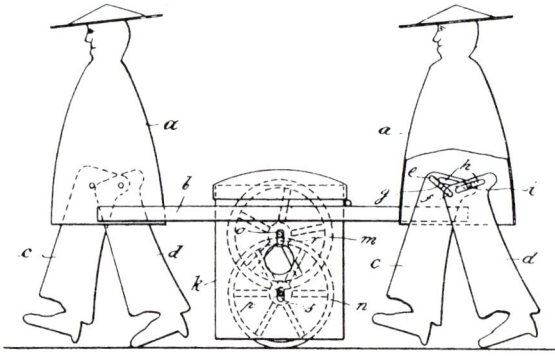

Lehmanns Laufrad-Patent aus dem Jahr 1905 erlaubte die Schrittbewegung der Figuren – die Grundlage des Spielzeugs »Mandarin« mit der EPL-Nummer 565.

Anfang, vor dem Einbau eines Federwerkes. In der Jubiläumsschrift »100 Jahre Fleischmann« ist sogar ein antriebsloser Blechschwan in Lebensgröße erwähnt. Ein federwerkbetriebener Walfisch dieses Nürnberger Herstellers (Katalognummer 520 aus dem Jahr 1908) konnte »Wasser in die Höhe von 100 – 300 cm spritzen«. Mechanische Blechfische, also federwerkbetrieben, baute Fleischmann in fünf Größen zwischen 19 und 35 Zentimeter. Tiere aller Art wurden in dem langen Zeitraum der Blechspielzeugherstellung von fast allen Fabrikanten gefertigt. Da gab es das einfache pickende Huhn, das noch heute aus China nach Europa geliefert wird, den krabbelnden Käfer, der aber auch seine Flügel spreizen konnte, wie zum Flugstart, oder Lehmanns an einer Leine »natürlich fliegenden Vogel« (EPL 385), der sich bereits im Jahr 1895 in die Lüfte schwang, bis hin zum riesigen Elefanten aus Blech ohne eigenen Antrieb, der als Reit- und Zugtier für Kleinkinder gedacht war.

Komik war ein wesentliches Element bei der Gestaltung von figürlichem Blechspielzeug. Schon ein nicht zentrisch gelagertes Rad führt zu lustigen Schlingerbewegungen einfacher Spielzeuge, vieltausendfach in mehr oder weniger aufwendiger Form demonstriert bei Fahrzeugen, figürlichem Spielzeug oder in Tiergestalt. Auf diesen Fahrzeugen oder auch auf Tieren saß meist ein grellbunt lackierter oder lithographierter Clown. Das große, Kinder und Erwachsene gleichermaßen faszinierende Thema »Zirkus«.
Als es noch kein Fernsehen gab, war der Zirkus ein Ort der Belustigung für die ganze Familie. Die Schau wilder Tiere oder auch fremdländischer Menschen hatte etwas Exotisches, es war eine Art Novelty Show. Grund genug für die Spielzeugindustrie, jede nur denkbare Zirkusnummer in Blech nachzubauen. Und es wurde tatsächlich nichts ausgelassen: Clowns in allen komischen Situationen, Jongleure, Parterre-Akrobaten, Dressurkunststückchen mit allen Tierarten, Kunstreiter oder auch Einmannorchester – große Unterhaltung in Blech!

Ein beliebtes Motiv für Blechspielzeug waren auch »Katz und Maus«, im Nürnberger Raum ein Thema mit vielen Variationen. Oder die klassischen deutschen Märchenfiguren, so zum Beispiel »Der gestiefelte Kater« (Gama, Köhler und andere) oder das Rotkäppchen mit dem riesigen Wolf von Günthermann. Später wurden diese Märchenfiguren von den Comic Helden abgelöst.

Ein eigenes Kapitel in der Geschichte des Bewegungsspielzeugs schrieb Schuco mit seinen Tanzfiguren. Bereits 1914 baute die Nürnberger Firma Schreyer & Co (= Schuco) ihre ersten »freimarschierenden Figuren« unter dem Produktnamen »Automato«. Diese 25,5 cm großen Figuren besaßen einen Blechkörper mit einem Uhrwerk. Der Kopf bestand aus gestopftem Filz und zeigte unverkennbare Anklänge an die Bären und Puppen von Margarete Steiff (die mit dem Knopf im Ohr) aus dem württembergischen Giengen. Gestartet wurde die eigentliche Serie von Tanzfiguren dann im Jahr 1929 mit einem Bären (Schuco-Nummer 921) und bald noch 16 weiteren Figuren. Im folgenden

Der Arnold-Clown »Jimmy« turnt am Reck, während sein Kollege das Becken schlägt.

Jahr lieferte Schuco seinen berühmten Charlie Chaplin. Die Grundkonzeption dieser Spielzeugserie war wie geschaffen zur Wiedergabe von Chaplins skurrilen Trippelschritten. Die Schuco-Neuheit des Jahres 1937 war die quakende Ente Donald Duck in vielen Variationen. Die Vorkriegs-Ducks haben einen langen Schnabel, doch die Neuauflage des Jahres 1958 wurde mit einem deutlich kürzeren Schnabel ausgerüstet.

Zwischen den Jahren 1929 und 1962 – in diesem Jahr lief die Produktion der Schuco-Tanzfiguren aus – wurden rund 120 Motive in teilweise ziemlich großer Stückzahl produziert. Die neuen Motive der späten fünfziger Jahre hatten dann allerdings nur noch kleinere Auflagen. Denn da lief der japanische Roboter in der Gunst der Kinder den Schuco-Tanzfiguren davon.

Masudaya-Rikscha
von Lehmann mit
»natürlich« laufen-
dem Kuli. Gebaut
von 1927 bis 1938.

Eine jedoch lebte länger: Donald Duck wurde 1969 –
mit Kunststoffteilen stark überarbeitet – neu aufgelegt. »Auf vielfachen Wunsch neu!« hieß es dazu im
Schuco-Katalog.

Die Roboter stehen ganz in der Tradition dieser
mechanischen Figuren. Man könnte sagen, daß federwerkbetriebene Blechroboter nur die »Kleidung«
gewechselt haben. Ihnen folgten die Batterieautomaten in vielfältiger Form, die heute noch aus Asien
Deutschland erreichen und in erster Linie wohl junge
Sammler ansprechen.

Zwei Pennytoy-
Autos von
Fischer/Nürnberg.

Pennytoys –
Groschenspielzeug

Eine kleine, aber feine Nürnberger Spezialität

Das »Groschenspielzeug«, international »Pennytoy«
genannt, war einst wirkliches Billigspielzeug, und
vielfach wurden diese kleinen bunten Blechartikel sogar als Werbegeschenke im Einzelhandel eingesetzt.
Es sind Miniaturen, oft von künstlerischer Gestaltung
und fein lithographiert. Manchmal waren sie auch
recht primitiv in ihrer Form, immer aber von Sammlern gesucht, speziell von der Gruppe der Spezialisten, und heute teuer bezahlt. Sehr teuer sogar, erhebt
man die »Größe« dieser Kleinstspielzeuge zum Maß
der Dinge. Vor allem englische Sammler sind »wie
wild« hinter dieser einstigen Nürnberger Spezialität
her. In England wurden Pennytoys zu Beginn unseres
Jahrhunderts ein regelrechter Verkaufsschlager und in
den Großstädten sogar von ambulanten Händlern im
Straßenverkauf angeboten.

Bing, obwohl selbst eigentlich im engeren Sinn
kein Pennytoy-Produzent, war mit dem frühen Einsatz des Lithographiedrucks und der Verlappungs-

technik der Wegbereiter dieser Sparte. Ohne diese beiden Verarbeitungstechniken wäre der Erfolg dieses Spielzeugs nicht denkbar gewesen.

Pennytoys waren Massenartikel, das mußten sie auch sein, wollte ihr Fabrikant wenigstens noch einen geringen Verdienst erzielen. »Pfennig-Spielzeug«, der Begriff signalisiert schon die pekuniäre Problematik für den Hersteller. Die Packungs- und Verkaufsgrößen des Großhandels vermitteln eine Vorstellung davon. Die handelsübliche Packung enthielt »1 Gros«. Das »Gros« entspricht 12 Dutzend, also 144 Stück!

Die Hersteller der Pennytoys vermarkteten ihre Erzeugnisse meist nicht selbst. Sie bedienten sich der sogenannten »Verleger« im Nürnberger Raum. Das waren Großhandelsunternehmen und Exporteure. Die Firma Moses Kohnstam (Markenzeichen: Moko) in Fürth gehörte zu den damals erfolgreichsten Unternehmen. Kohnstam hatte Filialen in London und in Mailand. Fast alle bekannten deutschen Blechspielzeughersteller verkauften irgendwann über Kohnstam. Gerade bei Pennytoys war dies nahezu ein Muß, allein schon bedingt durch das Hauptimportland England. Die Moko-Kataloge, publiziert in Band 5 der Reprintreihe »Die Anderen Nürnberger« (siehe S. 247), entsprechen nahezu einem Handbuch für Pennytoy-Sammler.

Als klassische Zeit der Pennytoys gilt heute international die Spanne zwischen den Jahren 1895 und dem Beginn des Ersten Weltkriegs. Diese Begrenzung erklärt sich mit dem ursprünglich hohen Importanteil Englands. Mit Kriegsbeginn ging dieser Markt für die deutsche Industrie verloren, und Pennytoys florierten nach dem Krieg in England offenbar nicht mehr so recht. In Deutschland wurden Groschenspielzeuge noch bis in die dreißiger Jahre gefertigt und wohl auch gut verkauft, wie die Kataloge der Grossisten beweisen.

Will man den Begriff Pennytoy eingrenzen, läßt sich dies vielleicht so beschreiben: »Blechspielzeug um zehn Zentimeter Länge, ohne Antrieb«. Dies ist dann eine puristische Auslegung. Will man das Gebiet aber weiter fassen, gehören auch (Zinn-)Gußspielzeuge dieser Größe dazu. Und andere Sammler zählen sogar Lehmanns Gnom-Autos und die Icarus/Gnom-Flugzeuge hinzu.

Der heute bekannteste Pennytoy-Hersteller war Johann Philipp Meier in Nürnberg. Diese Firma markte als eine der wenigen ihr Kleinspielzeug in vielfältiger Form, so daß hier Zuschreibungen möglich sind. Die Firma J. Ph. Meier wurde 1879 gegründet, und sie bestand wohl bis 1935. Ihre Firmenmarke wurde im Jahr 1894 offiziell registriert. Sie besteht aus einem zweirädrigen Wagen mit einem Zugtier. Frühe Abbildungen zeigen vermutlich einen Hund, deshalb sprechen auch die englischen Sammler heute noch vom »Dogcart«. Später mutierte der Hund zum Esel, deutlich erkennbar an den langen Ohren. Die Namenskürzel sind noch vielfältiger: J. Ph. M., JPM, JM oder auch nur M. Diese Buchstabenkombinationen kommen mit oder ohne Hunde-/Eselsgespann vor. Pennytoys von

Pennytoys im Großhandelskatalog von Ullmann & Engelmann (Verleger), Fürth, um 1900.

127

Meier finden sich – trotz Markung – auch im Moko-Verkaufsprogramm. Dabei ließ Meier keinen Bereich des Lebens für seine Nachbildungen aus: Eisenbahnzüge, heimische oder exotische Tiere, Überseedampfer, die gesamte Kraftfahrzeugpalette, Reiter, Flugkörper aller Arten, Militärspielzeug, Puppenzimmer-Zubehör – und auch das eigene Markenzeichen, der Eselskarren –, nichts durfte fehlen! Die Fertigungspalette der anderen Hersteller war nicht minder breit.

Mit dem Erscheinen von Gerhard G. Walters Buch (siehe S. 248) über den Nürnberger Hersteller Georg Kellermann & Co ist ein weiterer großer Pennytoy-Hersteller mit seiner Produktion nahezu lückenlos erforscht. Doch fehlt den Kellermann-Produkten, schon zeitbedingt, der Charme der früheren Meier-Spielzeuge. Das Pennytoy-Programm von Kellermann wurde, wenn auch ausgedünnt, noch bis zur kriegsbedingten Produktionseinstellung um das Jahr 1942 fortgesetzt.

Weitere Pennytoy-Hersteller waren: die Nürnberger Distler, Emmert (1900), Einfalt/Technofix, Günthermann, Hess, Kienberger (Huki), Georg Levy (Gely), Johann Maier (1900), Saalheimer & Strauss (1910 bis 1933); dann die Fürther Hammerer & Kühlwein (HK) und Fritz Wünnerlein & Co (1906) in Zirndorf sowie auch Gustav Gillischewski (1880 bis 1915) in Berlin und zahlreiche weitere Hersteller.

Viele dieser Firmen sind mit ihrer Biographie als Pennytoy-Hersteller ausgewiesen, doch können ihnen ihre Produkte nicht eindeutig zugeschrieben werden, da diese nicht gemarkt sind. Dies war meist keine Nachlässigkeit von seiten der Hersteller, sondern eine Forderung der Grossisten und Exporteure. Verständlicherweise wollten diese neutrale Ware, damit ihr Kunde nicht unter Ausschaltung ihres Unternehmens direkten Kontakt mit dem Hersteller aufnehmen konnte.

Pennytoy-Sammler sind meist langjährige Spielzeugsammler. Man muß sich wohl länger mit den großen Stücken der Blechbranche beschäftigt haben, um dann »abgeklärt« dem Charme der Blechminiaturen zu erliegen. Gerade mit den Pennytoys

*Pennytoys verschie-
dener Hersteller.
Die beiden Paya-
Feuerwehren
wurden in den
achtziger Jahren
neu aufgelegt.*

kann man auf engstem Raum eine wunderschöne Blechspielzeug-Sammlung aufbauen und alle technischen Errungenschaften der Zeit zwischen 1890 und 1920 dokumentieren – ein vorbildliches Kleinmuseum.

Auch die Pennytoys haben Nachfahren. Zumindest im Bereich der Werbegeschenke präsentieren sich die kleinen Kunststoffigürchen oder -autos (»Margarine-Figuren«) als ihre Nachfolger.

Die Blechwelt
der Puppenstuben

Nicht nur Herde, auch Möbel waren aus Blech • Bade-
zimmer und Badeanstalten • Puppenköpfe aus Blech

Blech in der Puppenwelt? Natürlich, da denkt man
gleich an Puppenküchenherde und Kochtöpfe. Das
aber ist nicht alles. In weit über hundert Jahren Blech-
spielzeug-Produktion wurde auch fast jeder andere
Gegenstand im Bereich der Puppenküchen, -stuben
und Kaufläden aus Blech hergestellt. Sogar Puppen-
küchen-Gehäuse oder Puppenköpfe für große Spielpuppen. Und natürlich Badezimmer, richtige Badeanstalten sogar!

Die vollständig aus Blech gefertigte Puppenküche, also einschließlich ihres Gehäuses, gab es be-

Spielzeug-Näh-maschinen werden nicht nur von Frauen gesammelt.

reits um das Jahr 1850, vielleicht sogar schon deutlich früher. Und im Prinzip lebt sie noch immer. Die heute noch von einigen Herstellern im Nürnberger Raum weitgehend aus Blech gefertigten »Küchenzeilen« sind die modernen Nachfolger der alten Blechküchen.

Bekannte Hersteller von Blechgehäusen und Blechmöbeln waren um das Jahr 1850 Striebel in Biberach an der Riss und ebenfalls dort, vielleicht schon davor, Rock & Graner; Märklin in Göppingen (1857?) und Lutz in Ellwangen an der Jagst; in Nürnberg Leonhard Staudt (1867) und später Bing. Die bei Bing angebotenen Blechmöbel entstammten meist der Produktion des Württemberger Herstellers Kindler & Briel, Marke Kibri. Dieser Böblinger Hersteller, später wahrscheinlich der weltweit größte von Blechzubehör für Eisenbahnen, ist heute noch im Geschäft mit Modellautos und Modellbahnzubehör aus Kunststoff. Kibri fertigte noch um 1930, möglicherweise auch noch länger, Blechmöbel.

Die schönsten Blechmöbel stammen ohne Zweifel aus der Produktion von Rock & Graner oder später von Rock & Graner Nachfolger (R & GN): filigrane Stühle und Sessel in allen Stilrichtungen, teilweise gepolstert, Glasvitrinen, Sekretäre, Pianoforte mit Walzenspielwerken oder auch Nähmaschinen mit ihrem damals typischen Gußeisengestell.

Kleines Blechbade-zimmer. Von Kibri über viele Jahrzehnte bis in die fünfziger Jahre angeboten.

Puppenherde gab es ebenfalls in nahezu unendlicher Vielfalt. Interessant ist, daß die Firma F. & R. Fischer AG (1875) in Göppingen mit ihren Puppenherden offenbar auch ihren Nachbarn Märklin sowie Bing in Nürnberg belieferte. Als besonders wertvoll gelten Blechherde, bei denen zumindest die Front mit echten Kacheln besetzt ist. Die »echte« Spiritusheizung ist ebenfalls ein Sammlerkriterium – und der Kamin muß eine schöne Krone haben, den charakteristisch geschwungenen Aufsatz aus blankem Messing oder vernickelt. Elektrisch beheizte Herde stehen in der Sammlergunst deutlich zurück.

Schöne alte Herde stehen heute hoch im Kurs. Oft liegt ihr Charme in der Einfachheit der Gestaltung.

Geschirr aus Aluminium wird heute wenig beachtet. Früher war das ganz anders. Um 1908 wurden Aluminiumtöpfe (Märklin) als Inbegriff des Fortschritts angesehen, und sie waren damals keineswegs billig. Blechterrinen, oder gar ein ganzes Service, hergestellt

von Bing oder Märklin, emailliert und in Porzellan-
manier bemalt, gelten heute als Kleinodien.

Seltene Küchengeräte aus Blech, heute im modernen Haushalt längst vergessen, sind ebenfalls sehr
gesucht und werden entsprechend teuer bezahlt. Einige Beispiele: Kaffeeröster, Einmachtöpfe (»Weck/
Rex«), Petroleum-Vorratsbehälter, Guß-Waffeleisen,
emaillierte Brotkästen, Fruchtpressen, Buttermaschi-
nen oder auch Wäschemangeln. Waschmaschinen
oder Geschirrspüler aus Blech werden übrigens noch
heute hergestellt.

Das sind wirkliche
»Bügel-Eisen«.
Im Vordergrund
der Heizstein, der
durch die hintere
Klappe ins Eisen
geschoben wird.

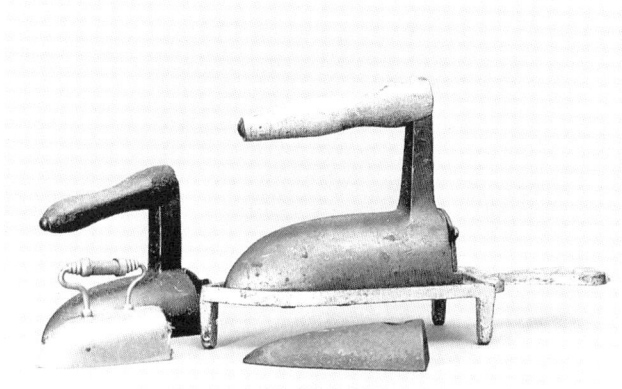

Im Kaufladen gab es vornehmlich drei aus Blech her-
gestellte Zubehörteile: die Kasse, die Waage und den
Papierabroller. Vor allem Waagen gelten heute als
Sammlerstücke, besonders, wenn sie über einen ver-
zierten Gußrahmen verfügen und die wirklich pas-
senden Metallgewichte auch vollzählig vorhanden
sind.

Badezimmer wurden ebenso aus Blech gefertigt wie
die einst verbreiteten Nachbauten öffentlicher Badeanstalten. Badezimmer und Badeanstalten sind in un-
behandeltem Zustand heute meist sehr rostig. Schon
um weiterem Zerfall vorzubeugen, ist hier eine sorg-
fältige Restaurierung angebracht.

Frühe Blechbadezimmer fertigten Staudt in Nürnberg, aber auch Rock & Graner in Biberach. Sie sind meist mit einem außenliegenden Wasserreservoir ausgestattet und verfügen über eine Pumpe im Stil der Brunnenpumpen mit großem Schwengel. Kibri fertigte in den zwanziger Jahren pompöse Badezimmer im Art-Déco-Stil – sogar mit einer im Boden eingelassenen Wanne. Die Waage zur Gewichtskontrolle komplettierte die Luxusausstattung.

Märklins große Badezimmer, mit Toiletten (mit Spülung) kombiniert, gelten heute auf diesem Sektor als besonders selten. Sie waren mit doppelten Rückwänden als Frischwasserbehälter ausgestattet, und mit einem doppelten Boden für das Abwasser. Nach dem Spielen blieb deshalb fast immer Restwasser zurück, und der Rost hatte leichtes Spiel.

Steht ein universeller Blechspielzeugsammler vielleicht dem speziellen Blechzubehör im Puppenbereich etwas reserviert gegenüber, so jubelt doch sein Sammlerherz beim Anblick einer »Öffentlichen Badeanstalt« aus Blech.

Das verspielteste Modell lieferte wohl Staudt in Nürnberg 1888 mit seiner Schwimmschule. Aber auch Märklin (Lutz?) und Kibri bauten schöne Modelle mit Duschen, Rutschbahnen, Sprungbrett, Kabinen – getrennt für Männlein und Weiblein –, dazu Schwimmfiguren aus Celluloid.

Die aufwendigste Puppenbadeanstalt fertigte Märklin um 1909 (Katalognummer 8590) mit seinem »Städtischen Schwimmbad«. Auf Pontons wohl am imaginären Flußufer verankert, war es mit Bassins für Schwimmer und Nichtschwimmer sowie mit einem »Klosett« ausgestattet; hinter der flußseitigen Außenwand waren sogar zwei Ruderboote angekettet. Solche Schwimmbäder gab es früher in fast jeder an einem Fluß gelegenen Stadt – als das Wasser dort noch halbwegs sauber war ...

Zum Schluß dieses Kapitels noch ein Blick in das Reich der großen Spielpuppen. Denn auch dort wurde Blech verarbeitet. Die Firma Buschow & Beck, ab 1900 Markenzeichen »Minerva« (mit Helm), stellte schon ab 1888 Metallpuppenköpfe her, für die sie auf der

Die »Waschwring-Maschine«. Das Originalmodell und die Abbildung im Großhandelskatalog von Ullmann & Engelmann, Fürth, um 1900.

Weltausstellung in Brüssel 1888 und in Barcelona 1889 mit Preisen ausgezeichnet wurde. Dies gilt als Qualitätsbeweis, denn die Puppen der Konkurrenz hatten feine Köpfe aus Porzellan oder Celluloid. Die Blechköpfe wurden emailliert oder mit flüssigem Celluloid überzogen, im Ersten Weltkrieg auch nur bemalt. Diese Minerva-Brustblattköpfe zeigen überzeugend die einstigen Verarbeitungsmöglichkeiten von Blech, deshalb sind sie hier erwähnt.

Blechlandschaften und Burgen

Flaschnerkunst auf die (Berg)Spitze getrieben •
Berg- und Talbahnen

Dieses Kapitel der Spielzeuggeschichte streift Anfang
und Ende der Blechspielzeugherstellung. Am Beginn
steht die Herstellung vornehmlich statischer Spielzeuge wie Berge oder Eisenbahntunnel, durch den »Flaschner«, in anderen deutschen Landesteilen auch
Spengler oder Klempner genannt. Sie endet mit den
Berg- und Talbahnen, deren Grundplatten – und damit der größte Bauteil dieser Spielzeuge – bereits aus
Kunststoff tiefgezogen waren. Für diese Berg- und
Talbahnen steht heute der Markenname »Technofix«
(Gebrüder Einfalt) als Gattungsbegriff.

Lange glaubten die Blechspielzeugsammler, die Herstellung der Blechburgen oder auch der sogenannten »Wasserwerke« sei allein eine Spezialität der Württemberger Firmen Rock & Graner, von Lutz und auch von (G.?) Striebel aus Biberach gewesen. Dann hat man den Nürnberger Georg Leonhard Staudt (1867) wiederentdeckt, dessen Firma 1928 von Fleischmann übernommen wurde. Dabei mußte man feststellen, daß bekannte Stücke, die früher vornehmlich den Württembergern Rock & Graner oder Lutz zugeschrieben wurden, eigentlich im fränkischen Nürnberg entstanden sind. Die Wiederentdeckung Staudts verdanken wir den Spielzeughistorikern und Sammlern Carlernst Baecker, Christian Väterlien und Broder-Heinrich Christiansen.

Für diese Berggebilde oder auch für Tunnel gab es keine Preßwerkzeuge. Man hat sie in Teilstücken mit einem besonders geformten Hammer getrieben, manchmal auch über einen Formkern geschlagen. Dann wurden diese Teilstücke paßgenau beschnitten und zum Fertigstück zusammengelötet. Diese Herstellungsweise läßt sich gut erkennen, betrachtet man einen größeren und komplizierten Märklin-Tunnel einmal aufmerksam von innen. Gerade von Märklin ist bekannt – und an den frühen Produkten sichtbar –, daß man sich damals in schwäbischer Sparsamkeit stets bemühte, die Beschaffung großer und teurer Prägewerkzeuge zu umgehen. Nicht anders verhielt es sich bei den Mauerplatten zur Herstellung der Bahnhöfe. Die schon zu Anfang des Jahrhunderts beschafften Prägewerkzeuge wurden noch bis zum Beginn der »Beton-Ära« benutzt. Das Mauerwerk wurde in großen Platten geprägt, und die Gebäudeteile dann jahrzehntelang aus dem gleichen Steinmuster geschnitten und zusammengelötet.

Stundenlang kann man die farbigen Abbildungen der frühen Lutz-Burgen und Eisenbahn-Dioramen im Band 1 der Buchreihe »Märklin. Technisches Spielzeug im Wandel der Zeit« (siehe S. 247) bestaunen – und doch findet man immer wieder neue Details. Märklin hat diese wunderschönen Blechspielzeuge noch lange nach der Übernahme der Firma

Eine große Blechlandschaft mit Pumpwerk von Rock & Graner. Zwischen 1872 und 1875 entstanden, um 1880 bei R & G vergrößert und von einem ehemaligen Flaschner 1906 mit Windmühle und Pumpwerk ergänzt.

Lutz weitergebaut. Deshalb sind Lutz-Burgen auch heute noch hier oder dort auf Auktionen oder großen Sammlermärkten zu sehen. Die größeren Festungen oder Burgen verfügten über einen Drehteller für den Vorbeimarsch der Soldaten. Der Antrieb dieses Drehtellers erfolgte über eine Handkurbel zu den Klängen eines Musikwerkes. Die bekannteste Burg wurde der Ulmer Bundesfestung nachgebaut. Lutz galt als Meister der Burgen. Rock & Graner hatte hier wohl wenig entgegenzusetzen. Von dieser Biberacher Firma ist dagegen eine handlich klappbare Kavallerie-Kaserne in drei Größen aus der Zeit um 1890 bekannt. Äußerlich eher schlicht, zeigt sie jedoch ein interessantes Innenleben mit allen erdenklichen kasernenüblichen Räumen.

Die Spielzeugliteratur (»Die Anderen Württemberger«, siehe S. 247) beschreibt ein sogenanntes großes »Wasserwerk« von Rock & Graner: Eine schroffe Felswand mit einem stolzen Schloß auf dem höchsten Gipfel, Berggasthof, Brücken, Türme und ein Windrad, angetrieben durch eine Dampfmaschine, die auch die Wasserpumpe mit Kraft versorgt; am See im Tal eine Mühle, die über eine Rinne vom Bergbach angetrieben wird. Dieses kunstvolle Bauwerk befindet sich noch heute im ursprünglichen Familienbesitz. Es wurde in der Zeit zwischen 1872 und 1875 bei Rock & Graner hergestellt, dort im Jahr 1880 erweitert und dann 1906 nochmals durch einen ehemaligen R & GN-Mitarbeiter ergänzt (siehe Abb. S. 136).

Ein ganz ähnliches Rock & Graner-Blechdiorama aus dem Jahr 1890, Größe 64 x 43 x 48 Zentimeter, wurde Ende 1992 auf der Weinheimer Spielzeugauktion angeboten und verkauft. Hauptmotiv bei diesem Wasserwerk ist ebenfalls ein auf dem rechten Gipfel angesiedelter Schloßkomplex, unzweifelhaft dem Heidelberger Schloß nachempfunden.

Der Katalog des Nürnberger Herstellers Georg Leonhard Staudt aus dem Jahr 1888 zeigt kolorierte Abbildungen von Kasernen, Kutschen, Badeanstalten und Eisenbahn-Dioramen, Burgen auf Felsen – in der Art der erwähnten Wasserwerke –, die man bis zur Wiederentdeckung dieses Herstellers den großen

Württembergern zugeschrieben hatte. Dieser Katalog schlummerte im Fleischmann-Archiv, bis man ihn bei publizistischen Arbeiten zum hundertjährigen Fleischmann-Jubiläum entdeckt und in Band 7 der Reprint-Reihe »Die Anderen Nürnberger« (siehe S. 247), genau hundert Jahre nach seinem Erscheinen, nachgedruckt hat.

Märklin stand in der Tradition der württembergischen Flaschner, auch durch die Übernahme von Lutz. Als Eisenbahnzubehör baute das Göppinger Unternehmen dann auch eigenständig riesige Tunnel (Axenstraßen) oder Bergeinschnitte mit Berghotels, Aussichtstürmen und Ruinen. Bing, in erster Linie doch Massenhersteller, hatte dieser handwerklichen Kunst der Flaschner (in Nürnberg Klempner genannt) nur wenig entgegenzusetzen.

Damit sollen – obwohl unvollständig, wie gar nicht anders möglich – die Ausführungen zu den häufig monumentalen Arbeiten der frühen Spielzeugblechner abgeschlossen sein. Wenden wir uns nun dem Gegenpol dieser Sparte zu, den »flächigen« Tischspielbahnen im Stil der Berg- und Talbahnen.

Ein Axenstraßen-Tunnel von Märklin, aus mehreren Blechstücken vom Flaschner zusammengelötet. Zum Aussichtsturm führt ein Steig mit Geländer.

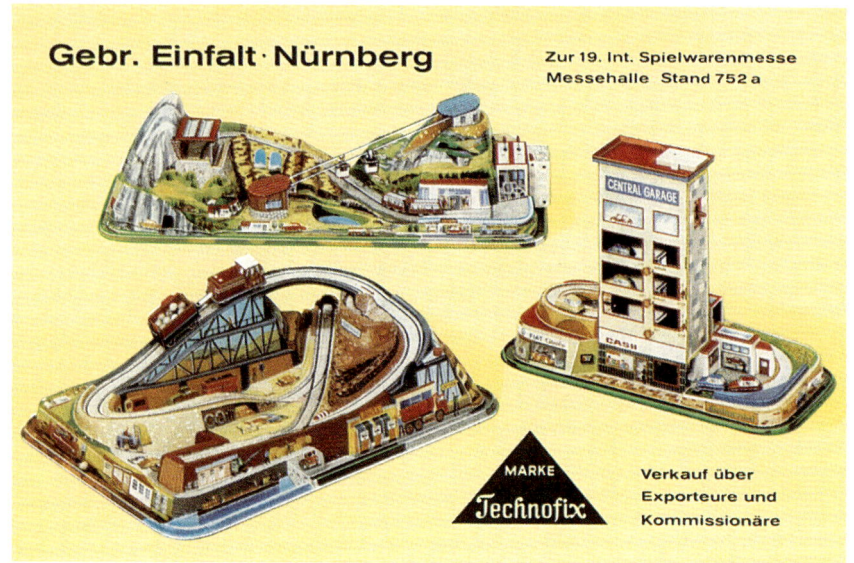

Der Markenname »Technofix« steht hier für eine ganze Blechspielzeug-Gattung – die Tischspielbahnen, fertig montiert auf einer Grundplatte aus Blech, zuletzt auch auf einer tiefgezogenen Kunststoffplatte. Zu den Herstellern von Spielbahnen dieser Gattung gehörten auch Arnold, Gely, Göso, Kellermann, Niedermeier, Wimmer und viele andere. Arnold, der Pionier der N-Bahn (diese Eisenbahn in Spur N = 9 Millimeter, wurde erstmals 1960 auf der Nürnberger Spielwarenmesse gezeigt), baute seine erste Rapido-200-Bahn genau nach diesem Strickmuster auf einer Plastikgrundplatte von 100 x 50 Zentimeter. Dieses Arrangement kostete 1960 mit Schienen, Lokomotive und Wagen 89,- DM – das war der Start eines Welterfolges in Sachen Modellbahn.

Auf dem Gebiet der mechanischen Tischspielbahnen überragte Technofix alle. Die Kreativität dieser Firma führte zu einem großen Verkaufserfolg über alle Jahre. Trotzdem mußte auch sie im Jahr 1977 die Produktion einstellen. Eine Reihe ihrer Werkzeuge gingen ins östliche Ausland. Von dort kommen diese Bahnen heute zurück nach Deutschland, mit veränderter Lithographie und einem höheren Kunststoff-

Betriebsame Blechlandschaften lieferte die Fa. Technofix, Gebr. Einfalt, in meisterlicher Vielfalt. Technofix-Bahnen sind heute schon ein eigenständiger Sammelzweig.

anteil – aber immer noch unverkennbar »Technofix«! Die Brüder Georg und Johann Einfalt gründeten im Jahr 1922 in Nürnberg ihre Firma und konzentrierten sich schon bald auf ihr Spezialgebiet, die Berg- und Talbahnen. Die Firma Einfalt/Technofix selbst beschrieb ihr Metier im Jahr 1974 so: »Landschaftsbahnen, Geländebahnen mit Uhrwerk oder Batterie«. Damit stehen diese Bahnen also auch wörtlich in der Tradition der frühen Württemberger Blechner oder Nürnberger Klempner. Einige Beispiele aus der langen Produktionsliste von Technofix: Zahnradbahn, Achterbahn, Pferderennspiel, Geisterbahn, Tunnelbahn, Bergbahn – sie stammen alle aus einem Katalog um das Jahr 1935. Nach dem Zweiten Weltkrieg wurde die Produktliste fast unendlich: Kurbelbahn, Dolomiten-Express, Verwandlungsbahn, Abulabahn (ohne seitliche Blechberge schon vor dem Krieg im Programm), Mystery-Station, Bobbahn oder Seilbahn. Den Anschluß an die Generation der Weltraumspielzeuge bildete die heute besonders gesuchte »Mondreise«: Zwei Raketen umkreisen die Erde, und ein Raumschiff rollt auf Rädern zwischen Mond und Erde.

Schiffe

Vom Badeboot zum Ozeanriesen

Für den Blechspielzeugsammler zählen die großen, schönen Schiffe aus der klassischen Zeit vor 1920 zu den traumhaften Raritäten. Jeder Sammler kennt sein persönliches Traumschiff – und doch ist es für ihn meist so unerreichbar wie im Fernsehen. Denn die großen Blechschiffe sind überaus selten und dementsprechend hoch im Preis. Ihre Seltenheit wurde durch zwei Faktoren bestimmt: Einmal waren diese stolzen Schiffe aufgrund ihrer Größe und der aufwendigen Verarbeitung enorm teuer und nur für Kinder wirklich reicher Eltern erreichbar. Zum anderen ist das ureigenste Element der Blechschiffe, das Wasser, ihr schlimmster Feind. Viele große Blechschiffe blieben auch »auf See«; sie schwammen einfach unkontrolliert

weg und kamen nicht mehr ans Ufer zurück. Im Regelfall erreichten die Schiffe natürlich das rettende Ufer, wenn man das Ruder entsprechend eingestellt oder zur Sicherung noch eine dünne Kordel angebracht hatte. Trotz guter Verlötung haben sie auf ihrer Fahrt aber meist etwas Wasser »geschluckt«, und wohl niemand dachte damals daran, das Schiff bei abgenommenen Deck austrocknen zu lassen. Also begann der Rost sein zerstörerisches Werk im dunklen Rumpf. Irgendwann brach der gefräßige Rost durch – das Ende des einst stolzen Überseedampfers war gekommen. Denn nichts ist als Spielzeug wohl weniger geeignet als ein Schiff, das nicht mehr schwimmen kann.

Diese Schiffe hatten noch einen weiteren Feind: den Neid der anderen Buben. Oft genug bewarfen diese bösen Knaben das auf einem Weiher dahindümpelnde Schiff mit Steinen, bis es kenterte ...

Die mutwillige Versenkung eines stolzen Spielzeugschiffes beschrieb schon 1904 der bayerische Dichter Ludwig Thoma in seinen »Lausbubengeschichten«. Thoma erzählt von einem Kölner Jungen namens Arthur, der sein Uhrwerkschiff mit in die Sommerfrische nach Bayern gebracht hatte. Ludwig und Arthur spielten mit diesem Schiff – es war ein Kriegsschiff – an einem Weiher, und Ludwig vermißte etwas: »Das gefällt mir gar nicht! Es ist eine Dummheit, weil sich nichts rührt. Wenn es eine Schlacht ist, muß es krachen. Wir sollten Pulver hineintun, dann ist es lustig.« Gesagt, getan. Denn der kleine Ludwig hatte immer ein Päckchen Schwarzpulver für seine geliebten »Speiteufel« in der Hosentasche und eine Zündschnur dazu. Natürlich flog das Schiff in die Luft, und ein Bleimatrose traf den weinenden Arthur gar noch am Kopf ...

Thoma erwähnte in seiner Geschichte mehrfach die Räder dieses Schiffes – also war es wohl ein Raddampfer, hier »Preußen« genannt. Olaf Gulbransson, der norwegische Zeichner und Karikaturist des

Wie sich die Bilder gleichen:
Die Gulbransson-Zeichnung unten zeigt die beiden Knaben Ludwig und Arthur mit der Jacht »Jolanda«.

Linke Seite:
Und so sieht das Märklin-Modell tatsächlich aus.

143

»Simplizissimus«, illustrierte Thomas Erzählung mit zwei Zeichnungen, auf denen zweifelsfrei die Märklin-Yacht »Jolanda« zu erkennen ist.

Zum Glück sind nicht alle großen Blechschiffe untergegangen oder durchgerostet und dann verschrottet worden. Es haben auch einige »überlebt«.

Seit wann gibt es Blechschiffe mit eigenem Antrieb (Federwerk oder Dampf) eigentlich? Nach Jürgen Ciesliks Feststellungen (siehe »Frühgeschichte des Blechspielzeugs«, S. 19f.) sind Uhrwerk-Dampfschiffe schon vor 1836 denkbar. Wolf Kaiser datiert den möglichen Produktionsbeginn von Spielzeugdampfmaschinen in Deutschland auf die Zeit um 1860/65.

In den Berichten zur Deutschen Industrieausstellung in München im Jahr 1854 war bereits von Spielzeugschiffen die Rede: Rock & Graner aus Biberach und Spitzbart aus Nürnberg stellten »Dampfschiffe mit Mechanik« aus. Von Issmayer aus Nürnberg wurde ein »mit Uhrwerk versehenes Dampfschiff« erwähnt, das in einem Bassin seine Kreise zog. Daß auch die Schiffe von Rock & Graner und Spitzbart durch Federwerke angetrieben wurden, kann man voraussetzen. Denn ein Bodenläufer wäre auch damals schon nicht mehr im Bericht zu einer Deutschen Industrieausstellung erwähnt worden. Ein weiterer Beweis: Im Bericht

Eine Abbildung aus dem Märklin-Katalog: Doppelschrauben-Linienschiff »Kaiser Wilhelm II.«, das ab 1902 auch mit Wunschnamen geliefert wurde.

*Flußraddampfer
»Victoria«, herge-
stellt von Carette
um 1905.
Das 65 cm lange
Schiff wird mit ei-
ner Dampfmaschi-
ne angetrieben.*

*Die Kaiserliche
Jacht »Hohenzol-
lern«, von Märklin
um 1904 gebaut.
Länge 62 cm,
Uhrwerkantrieb.*

zur Internationalen Ausstellung von Paris im Jahr 1867 wurde bei Issmayer ausdrücklich unterschieden zwischen »Dampfschiff mit Mechanik« und »Dampfschiff mit Spiritusheizung«.

Um die Jahrhundertwende waren vor allem die Kriegsschiffe populär. Schoenner in Nürnberg – und wahrscheinlich nicht nur dieser Hersteller – baute seine Kriegsschiffe teilweise nach den Originalplänen der Kaiserlichen Werft in Kiel. Eine »Nationale Flottenbewegung« förderte damals den Aufbau der Kaiserlichen Kriegsmarine zur »Waffe mit Weltgeltung«. Das Kinderspiel wurde geschickt den Strömungen der Zeit angepaßt – es waren die Jahre des berühmt-

Bing-Passagier-dampfer, um 1910, in 70 cm Länge mit Uhrwerkantrieb gebaut.

berüchtigten Kieler Knabenanzugs, des Matrosenanzugs.

Die großen Panzerschiffe dieser Zeit zeigen zum Teil eine Fülle beinahe verspielter Details und gelten so als wahre Blech-Juwele. Auf den internationalen Auktionen erzielen Kriegsschiffe von Märklin aus diesen Jahren astronomische Preise, die man sonst nur vom Bilderhandel kennt. Diese Märklin-Schiffe basieren zum Teil noch auf Entwicklungen des Ellwanger Herstellers Ludwig Lutz. Aber auch die Nürnberger Spielzeugfabrikanten boten entsprechende Schiffe an. Das Linienschiff war das größte Kriegsschiff, später wurde es Schlachtschiff genannt.

Die deutlich kleineren Kanonen- und Torpedoboote waren jedoch nicht minder populär. Bekannt wurden diese flachen Schiffe auch im Binnenland durch die Alliierte Strafexpedition gegen China im Jahr 1900. Gerade von diesen Schiffstypen müssen in Nürnberg große Mengen hergestellt worden sein. Denn Kanonen- und Torpedoboote von Bing findet man noch heute des öfteren zu vergleichsweise günstigen Preisen auf Auktionen oder größeren Spielzeugmärkten.

Spielzeug-U-Boote gab es bereits vor der Jahrhundertwende. Uebelacker in Nürnberg bekam sogar schon Anfang des Jahres 1892 ein Patent für die Unterwasserauslösung eines »Schußknalls« in einem U-Boot-ähnlichen Schiff, von dem jedoch nicht bekannt ist, ob es auch tauchen konnte. Das Bing-Patent von 1902 wird daher heute als Basis für Modell-U-Boote angesehen. Fast alle Nürnberger Hersteller haben U-Boote gebaut. Für den Sammler sind die großen »Tauchboote« Märklins, die ab 1914 bis zum Jahr 1942 in Varianten gebaut wurden, sehr interessant. Das größte Märklin-U-Boot hat die stattliche Länge von 74 cm. Als sehr gelungene Nachbildung der im Zweiten Weltkrieg eingesetzten U-Boote gilt das Arnold-Modell von 1939 mit seinem lithographierten Deckaufbau.

Die großen Modelle der Überseedampfer von Bing, Fleischmann, Märklin oder auch Carette, Plank, Schoenner sowie anderen galten, vor allem wenn sie mit Dampfmaschinen ausgerüstet waren, eher als Väterspielzeug. Denn zum einen hatten diese Schiffe im Vergleich enorm hohe Preise und zum zweiten war der »echte« Dampfbetrieb nicht ungefährlich. Es war weniger die Brandgefahr, vielmehr die Kesselexplosion, die man fürchtete, wenn das Schiff längere Zeit ohne Wasserstandskontrolle auf dem Weiher kreuzte.

Es gab Federtriebwerke von Bing mit Laufzeiten von einer halben Stunde. Dampfmaschinen hatten eine Betriebsdauer von etwa einer Stunde, und für elektrische Triebwerke lieferten Batterien den Strom für Betriebszeiten bis zu sechs Stunden.

Die Blechschiffe ein und desselben Typs wurden von den Herstellern gerne in mehreren Größen gleichzeitig angeboten. So kam es, daß die Proportionen der Aufbauten nicht immer stimmten. Denn nach dem Baukastenprinzip mußten die Deckteile, vor allem die Schornsteine und die Rettungsboote oder die Kanonen, gleich für mehrere Größen eingesetzt werden. Man sah das nicht so eng, denn gerade bei Schiffen wird der Gesamteindruck durch die Sil-

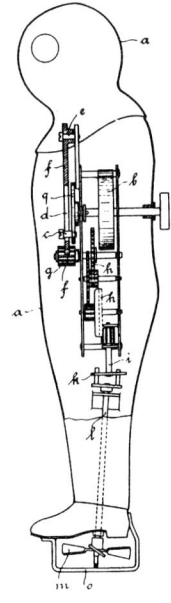

Das Taucher-Patent von Bing aus dem Jahr 1901: Gewichte in den Füßen halten die Figur senkrecht. Die Schiffsschraube ist umsteuerbar und sorgt so für Ab- oder Auftrieb. Nach diesem Prinzip funktionieren auch die Unterseeboote.

houette bestimmt, und für Kinder war die Zahl der Schornsteine das Maß aller Dinge, noch vor der Rumpflänge.

Neben den Passagierdampfern oder den Kriegsschiffen gab es noch eine ganze Reihe anderer Modelle. So die typische »Hudson-Fähre« von Bing aus dem Jahr 1917(!) oder die berühmte »Loreley« aus dem Jahr 1923 von Märklin, ein großer Ausflugsdampfer, der heute wohl zu den ausdrucksvollsten Blechschiffen zählt; ferner Frachtschiffe sowie Tanker oder Flugzeugträger von Fleischmann.

Nicht vergessen sollte man die vielen kleinen Sportboote, bis hin zum Badewannen-»Knatterbötchen« mit dem knatternden Heißwasserausstoß, der diesen Booten ihren Namen gab. Märklin nannte diesen Antrieb »Mystery«-Antrieb – sicher zu Recht, denn Probleme gab es damit immer.

Fleischmann belieferte lange Jahre die anderen Hersteller mit Schiffsrümpfen in Rohform, was diesen Fabrikanten teuere Werkzeuge ersparte. Außerdem baute Fleischmann in einer Spezialabteilung große Modellschiffe für Museen und den Norddeutschen Lloyd, meist ohne Antrieb, für Ausstellungszwecke. Doch eigenartig: Wenn solche Ausstellungsdampfer ohne Antrieb auf Auktionen oder Märkten

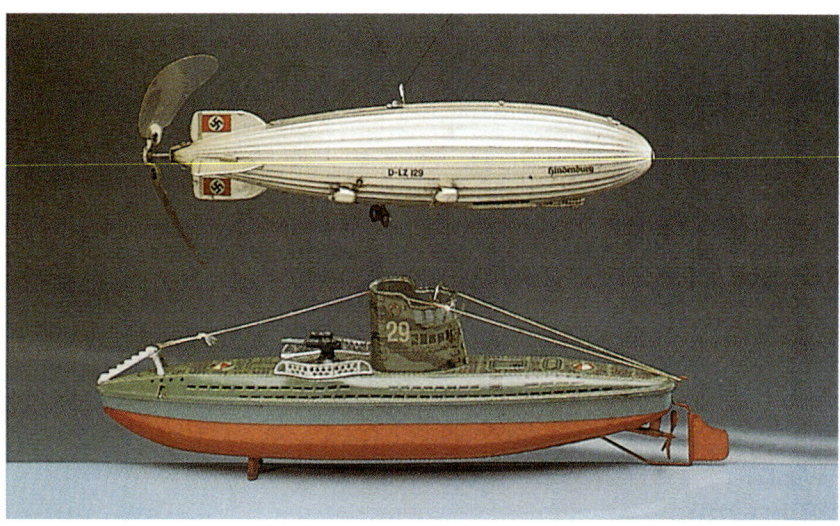

angeboten werden, erzielen sie gegenüber dem mit einem Antrieb versehenen, aber deutlich einfacher ausgeführten Spielzeug einen wesentlich(!) niedrigeren Preis.

Um das Jahr 1930 gab es noch stattliche Blechschiffe von rund einem Meter Länge. Ab Mitte dieses Jahrzehnts wurden sie zusehends kleiner, und um 1938 lag die Durchschnittslänge des Angebotes unter 50 cm. Auffallend ist, daß parallel dazu auch die Spielzeugeisenbahnen, die Autos oder sogar die Soldaten deutlich kleiner wurden. Es mußte also Werkstoff gespart

Unten: Ein kleiner Teil der Fleischmann-Flotte nach 1930.

werden, allem voran natürlich Blech. Die Kriegsrü-
stung hatte Vorrang.

Nach dem Zweiten Weltkrieg fertigte nur noch
Arnold kleinere Schiffe – bis etwa zum Jahr 1955 –,
und auch Fleischmanns einst große Flotte schrumpfte
bis zum Produktionsende der Blechschiffe im Jahr
1958.

Auch im Kinderzimmer hatten die Schiffe ihre
größte Zeit, als die Luxusliner die Ozeane befuhren
und sich im Wettbewerb um das »Blaue Band« zu immer kürzeren Fahrzeiten zwischen Europa und Ame-
rika trieben. Spätestens ab 1953 war alles ganz anders
geworden. Der Linienflug wurde populär und für
weite Kreise der Bevölkerung erschwinglich. Der
»zeitraubende« Dampfer hatte im Personenverkehr
zwischen den Kontinenten ausgedient – also auch im
Kinderzimmer. Denn Kinderspielzeug ist immer auf
der Höhe der Zeit.

Selbstverständlich hat es auch zu allen Zeiten Bodenläufer-Schiffe gegeben. Hess in Nürnberg beispielsweise baute ganze Flotten, die sich, verbunden
nach einem bestimmten System, parallel bewegen
konnten.

150

Militärspielzeug und Massefiguren

Hausser und Lineol, die Branchengiganten

Die Diskussion um Kriegsspielzeug ist weder neu noch konsequent und oft sogar »scheinheilig« zu nennen. Denn Kriegsspielzeug gibt es heute vielleicht mehr denn je: Der »Krieg der Sterne« ist in fast allen Kinderzimmern entbrannt. Die Figuren tragen allerdings nicht mehr Feldgrau, sondern einen Weltraumanzug. Sie schießen nicht mehr mit dem K 98-Karabiner, sondern mit dem Lasergewehr. Es gibt keine Feldküchen mehr, doch extraterrestrisch einsetzbare Halbkettenfahrzeuge und Weltraumkreuzer mit Strahlenkanonen. Was bedeutet noch der Tod eines einzelnen Soldaten, wenn gleich ganze Galaxien eliminiert werden können?

Soll man also altes Militärspielzeug sammeln, darf man das überhaupt, nach all dem Unheil in unserem

Jahrhundert? Man darf – man muß aber nicht. Militär-spielzeug war stets ein technisches Spielzeug seiner Zeit und ist damit auch als Zeitzeuge zu sehen.

Schon im frühen 19. Jahrhundert bezog das Militärspielzeug Stellung im bürgerlichen Kinderzimmer. Vorher waren Zinnsoldaten, aufgestellt in Regimentstärke, eher »Lehrmittel« für Fürstensöhne. Im späten 19. Jahrhundert wurden diese Armeen mit den ersten Erbsenkanonen ausgerüstet – und erst jetzt fiel die Kavallerie »so richtig reihenweise« ...

Militärspielzeug aus der Zeit vor dem Ersten Weltkrieg ist auffallend groß und schwer, wie die Beispiele von Bing oder Märklin zeigen. Passend zu den Fahrzeugen – der Zeit entsprechend vornehmlich Pferdegespanne und Kanonen –, fertigten Hausser-Elastolin oder Lineol Figuren von etwa zehn Zentimeter Größe. Die Puppenherstellerin Käthe Kruse lieferte um 1914 sogar bewegliche Soldaten (Metallskelette umwickelt), feldgrau gekleidet in Uniformen aus Filzstoff. Mit dem Ende des Ersten Weltkriegs wurde die Fertigung von Militärspielzeug offenbar nicht unterbrochen. Jetzt allerdings rückten Automobile und die neuen Tanks (Panzer) in den Vordergrund. Märklin baute bereits zu Kriegsbeginn den ganzen Heerestroß, auch Automobile. Nach Kriegsende allerdings fertigte man in Göppingen nur noch Kanonen und die weiterhin große Kriegsflotte, sogar mit U-Booten. In den zwanziger Jahren wurde in den Kinderzimmern gewaltig aufgerüstet. Dies läßt sich belegen mit einem Blick in die seit 1924 von Märklin herausgegebenen Kundenkataloge: Die Zahl der Militärspielzeuge stieg von Jahr zu Jahr.

Mit der Machtergreifung der Nationalsozialisten im Jahr 1933 haben die meisten Hersteller von Militärspielzeug ihre Produkte modernisiert und präzisiert. Die in der Regel noch aus der Zeit des Ersten Weltkriegs stammenden und somit veralteten Modelle wurden aus der Fertigung genommen und durch Nachbauten der aktuellen Vorbilder ersetzt. Die Spitzenstellung nahmen jetzt endgültig die Firmen Hausser und Lineol ein. Die Halbketten-Zugmaschine von Hausser oder deren Funkwagen, das 8,8 cm-Flakgeschütz (Flak = Flugzeugabwehrkanone), der Achtrad-Panzerspähwagen oder auch der Sanitätskraftwagen von Lineol waren technische Modellspielzeuge von hoher Präzision mit entsprechendem Preis. Deutlich

Dieses Flugzeug und den Panzer baute »Gescha« in den dreißiger Jahren.

153

eine Stufe unter diesen Modellen standen die Fahrzeuge von Tipp & Co, die aber aufgrund des niedrigeren Preises auch eine noch größere Verbreitung erfuhren. Ein Tippco-Spielzeug dieser Gattung erreichte allerdings Spitzenniveau: der schwarze offene Mercedes, genannt »Wagen des Führers«. Lieferbar war dieser Wagen auch mit Beleuchtung und später in beigebrauner Farbgebung. In der Werbung wurde damals die »besonders solide Ausführung« herausgestellt.

Neben den bereits genannten Firmen wurde Militärspielzeug auch von fast allen anderen noch verbliebenen Spielzeugherstellern angeboten. So von Märklin – in schwerer Blechqualität, aber meist weniger wirklichkeitsgetreu. Dieser württembergische Hersteller, schon immer ein Meister in der vielfältigen Verwendung vorhandener Teile, realisierte hier eine besondere Glanzleistung: Auf einen Lastkraftwagen mit Halbkettenantrieb montierte Märklin eine Feldküche (Katalognummer 8193 im Katalog D 12 aus dem Jahr 1935) und bildete den Küchenkessel – aus der Rauchkammertür einer Spur-0-Dampflokomotive!

Leichtere Qualitäten boten die Nürnberger Hersteller Arnold, Karl Bub, Dressler, Gama, Gescha, Göso, Kellermann und viele andere. Josef Neuhierl baute Militärfahrzeuge so exakt im Tippco-Stil, daß die Zuschreibung fast immer mehr als eines Blickes bedarf.

Ursprünglich wurden diese jüngeren Militärfahrzeuge mit einem Mimikry-Tarnanstrich versehen oder lithographiert. (Unter Tarnfarbe oder Mimikry versteht man ein Farbengemisch aus Oliv, Braun, Grün und Beige.) Später, im Zweiten Weltkrieg, ging auch die Spielzeugindustrie – parallel mit der Wirklichkeit – über zu Feldgrau, einer einheitlich grauen Farbgebung oder einer Mischung aus mehreren Grau-Grün-Tönen.

Anfang der fünfziger Jahre legte Hausser alte Fahrzeuge wieder neu auf und exportierte beispielsweise den Krupp-LKW graulackiert in die Schweiz. Bald fertigten auch andere Hersteller wieder Militärfahrzeuge auf der Basis ihrer Vorkriegsmodelle, die teilweise nach den Vorbildern der Siegermächte modernisiert

Kriegsflugplatz um 1940 mit Tippco-Flieger und Neuhierl-LKW.

wurden, so etwa die Panzer von Gama. Man sah die Sache nicht mehr so eng.

Die Wende kam mit den Indochina- und Koreakriegen, aber natürlich auch mit der bundesdeutschen Wiederbewaffnung. Schon im Jahr 1949 baute Arnold ein für die Bundesrepublik neues Blechspielzeug, den US-Jeep nach dem Willy-Overland-Vorbild der Invasionstruppen. Dieses 17 Zentimeter lange Auto erschien in der »Military-Police«-Version, wie sie noch lange auf westdeutschen Straßen zum Alltag gehörte. Das gelungene Arnold-Modell wurde mit verschiedenen Ausstattungen bis gegen Ende der fünfziger Jahre angeboten und ist heute als typischer Zeitzeuge gesucht (siehe auch S. 69 ff.).

Zum Militärspielzeug aus Blech gehören die »Massefiguren« – als Fahrzeugbesatzungen und Staffage. Diese Soldaten, Nachfolger der Zinn- oder Bleifiguren, wurden aus »Masse« – daher der heutige Sammlername – hergestellt, einem Gemisch aus Sägemehl, Kasein-Leim und Kaolin (Porzellanerde), mit einem Draht als Skelett stabilisiert, feucht in Form gepreßt, getrocknet und dann bemalt. Führender Hersteller aus heutiger Sammlersicht war die Brandenburger Li-

155

neol AG, dicht gefolgt von Hausser aus dem oberpfälzischen Neustadt bei Coburg. Diese Firma gab der Masse auch den Namen mit ihrem Markenzeichen Elastolin. Die Herstellmethode soll um 1898 von der Wiener Firma Pfeiffer (Marke Tipple-Topple) entdeckt worden sein. Die Firma Pfeiffer wurde von Hausser im Jahr 1925 übernommen. Außer Hausser und Lineol fertigten noch viele andere Hersteller nach dieser damals kostengünstigen Methode, so Duro/Durolin (Brünn, ehemalige Tochterfirma von Pfeiffer/Wien), Edelstolz (Firmenmarke auf Blechstreifen im Sockel eingegossen), Fröha (Hans Frömter/Hilpoltstein, Hersteller der Militärpolizisten für den Arnold-Jeep), Leyla (Christian Friedrich Ley/Roth bei Nürnberg), Kienel und andere.

Hausser-Elastolin stellte besondere Figuren her, deren Köpfe aus Porzellan porträtgenau nach den Vorbildern politischer Größen im Jahr 1936 gefertigt wurden. Diese Köpfe fertigte die Firma Hartwig in Katzhütte/Thüringen – ein deutliches Beispiel für den Personenkult der Nationalsozialisten.

Nach dem Zweiten Weltkrieg stellten alle Figurenhersteller rasch auf Kunststoff um. Hausser hatte mit diesem Werkstoff schon vor dem Zweiten Weltkrieg gearbeitet.

Soldaten waren natürlich nicht das einzige Produkt aus der Sägemehl-/Kaolinmasse. Im Gegenteil. Der Anteil der »zivilen« Figuren, Rittern oder Indianern sowie Tieren aus der alten oder neuen Welt, war vielleicht – über die ganzen Produktionsjahre gesehen – weit höher. Zu Indianern und Cowboys gesellten sich eine Postkutsche von Wells Fargo und Wigwams, später auch ganze Häuserzeilen im Wildwest-Stil mit dem typischen Saloon. Auf dem Bauernhof kam zur Kuh der Hirte, die Liesel zur Gänseschar. Hänsel fand seine Gretel, und der Förster vom Silberwald wachte mit dem Gewehr im Anschlag über beide. Die Ritter schlugen sich bei Wien mit den angreifenden Türken; vielleicht kämpften hier oder dort im Kinderzimmer auch die Römer gegen die Truppen George Washingtons aus dem amerikanischen Unabhängigkeitskrieg. Und nebenan fürchtete sich der röhrende Hirsch nicht

vor dem Löwen, der eigentlich in Märklins Sarrasani-Käfigwagen seinen angestammten Platz haben sollte. Für einen richtigen Zoo gab es Gitter aus Drahtstreben, denn nichts war unmöglich. Mit Massefiguren konnte wirklich (fast) jede historische oder zeitgemäße Szene nachgestellt werden.

Die neben dem Militär zahlenmäßig am stärksten vertretene Sparte waren die Eisenbahnfiguren aus Masse. In den Baugrößen von 00 bis zur schon nahezu legendären Spurweite III passend, wurden sie aus Masse gepreßt. Auch hier wurde kein Beruf und kein Typ der Reisenden ausgelassen. Da gab es den Schuhputzer, alle Chargen der Bahnbediensteten, den Polizisten oder Feuerwehrmann, den Gepäckträger oder Briefträger und auch den dicken Würstchenverkäufer mit umgehängtem Kessel vor der Brust. Alle nur denkbaren Berufe finden sich in den Figurenkatalogen der Vorkriegszeit – auch der Herr Pfarrer. Für die vornehmen Chaisen aus Blech gab es natürlich ebenso rassige Pferde in allen Größen sowie Ochsen für das Bauerngespann.

Diese Figuren jeglicher Provenienz sind längst der Blechspielzeug-Staffage entwachsen und zu einem eigenständigen Sammelgebiet avanciert.

Metallbaukästen

Das »Lehrspielzeug« für Generationen

Seit vielen Generationen machen Jungen und Mädchen ihre ersten statischen Erfahrungen mit Klotzbaukästen. Später lernen sie – jetzt aber die Mädchen seltener – Funktionsabläufe kennen mit Konstruktionsbaukästen für bewegliche und angetriebene Modelle, den Metallbaukästen mit ihren gelochten Bandsystemen. Märklin betonte in seinen Druckschriften immer wieder den »erzieherischen« Wert des »lehrreichsten aller Konstruktionsspiele«, so auch bereits im Händlerkatalog von 1920, als der Metallbaukasten erstmals unter eigenem Namen vorgestellt wurde.

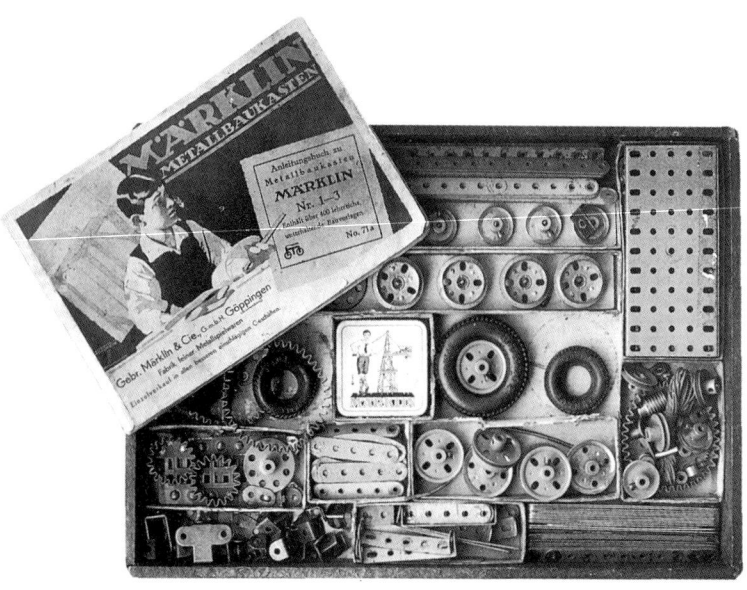

Die Sammler von Metallbaukästen bilden eine kleine, aber höchst aktive Gruppe im großen Verbund der Blechspielzeugfreunde. Sie horten ihre Schätze nicht in verschlossenen Kartons, sie bauen Modelle nach Vorlagen oder, höchst kreativ, nach eigenen Ideen – wie in ihrer Jugend.

Die Geschichte der Metallbaukästen beginnt an der Schwelle zum 20. Jahrhundert mit dem Patent des Engländers Hornby. Als Wegbereiter gelten die Flugpioniere Otto und Gustav Lilienthal. Sie erhielten im Jahr 1888 ein Patent für ein Baukastensystem mit regelmäßig gelochten Holzleisten. Die Verbindung der Leisten erfolgte mit Splinten, auch eine Flächenfüllung mit Platten war schon vorhanden. Der Anker-Steinbaukasten ist übrigens ebenfalls eine Entwicklung der Brüder Lilienthal, die ihre Rechte an Richter verkauften. Im Jahr 1901 erhielt dann der Engländer Frank Hornby sein Patent für ein Baukastensystem mit gelochten Metallbändern. Damit setzte er die Maßstäbe für die Konstruktionsbaukästen der nächsten sechzig Jahre. Dieses System von Hornby erhielt 1907 den Namen »Meccano« und wurde weltweit bekannt.

Nach ähnlichen Konstruktionsmerkmalen bauten die Firmen Gilbert in den USA oder auch Stabil-Walther in Berlin. Der Bing-Konstruktionsbaukasten aus Metall,»Structator«, weicht jedoch erheblich vom Schema der Leistenbaukästen ab. Seine Technik ähnelt in verblüffender Weise dem heutigen Gerüstbau, wie er bei Fassadenarbeiten zu sehen ist. Dieser Bing-Baukasten kann insofern eher als interessanter Vorläufer der späteren Fischertechnik-Kästen angesehen werden.

Meccano-Baukästen wurden bis 1914 auch in Deutschland gefertigt; Märklin hatte den Generalvertrieb für den Kontinent. Bei Kriegsausbruch hat der deutsche Staat das Feindvermögen im Reich beschlagnahmt, so auch die Meccano-Rechte. Die Patente wurden an die Firma Märklin abgegeben, die dieses System nun unter eigenem Namen als Märklin-Metallbaukasten auf den Markt brachte. Rasch erfolgte der Ausbau mit einer Vielzahl von Spezialkästen und Motoren, bis hin zum aufwendigen Dampfmotor. Die

Das Spielzeug mit Lehrauftrag: Metallbaukästen von Märklin gibt es seit rund 80 Jahren!

Bauteile der frühen Meccano- oder Märklin-Baukästen waren schwarz gefärbt.

Im Jahr 1926 wurde Meccano »bunt«: die Räder rot, die Leisten grün. Märklin folgte diesem System im Jahr 1929, lieferte jedoch die schwarzen Kästen noch einige Zeit parallel zu den bunten.

Trix variierte 1930 das bisher in regelmäßigem Abstand einfach gelochte Metallband-System durch eine kreuzförmige Mehrfachlochung in Dreierreihe. Daher auch der Name »Trix«: Tri, aus dem Lateinischen, steht für »drei«, und das x erkennt man bei einem Blick auf das Metallband. Es steht für die diagonale, x-förmige Lochung. Das Trix-System mit seinen deutlich erweiterten Baumöglichkeiten erreichte jedoch nicht die Beliebtheit der Märklin-Baukästen. Warum eigentlich? Der Grund kann nicht in der Technik gesucht werden, sondern wohl allein in der Wertvorstellung, die sich allgemein an die Marke Märklin knüpfte. Märklin- und Trix-Baukästen sind im Prinzip bis heute unverändert auf dem Markt und wurden immer wieder durch Zubehör ergänzt. Bei Märklin gab es kurzzeitig einige »Nebenlinien«, so in den dreißiger bis vierziger Jahren den »Marbi«-Kasten mit kleineren und blanken Teilen sowie den »Minex«-Kasten mit kleinen Aluminiumteilen. 1975 erschien Märklin mit einem Metall/Kunststoff-Verbundsystem unter dem Namen Märklin-»Plus«. Dieses auf Bauklötzen(!) basierende System sollte, ähnlich Lego – und vielleicht lag hier schon ein Problem –, den bisher von Märklin vernachlässigten Markt der Jüngsten abdecken und durch seine Kunststoff-Konstruktionsteile, mit starken Anklängen an Fischertechnik, die Anbindung des bisherigen Metallsystems an das Kunststoffzeitalter herstellen. Märklin ließ dieses »Plus«-System jedoch sofort wieder fallen – die Gründe dafür liegen auf der Hand – und stellte dann in der Baukastenwerbung vor allem das Wort »Metall« heraus. Eine Kehrtwendung zwar, aber bestimmt nicht ungeschickt.

Die Firma Gebrüder Staiger, Hersteller von Elektroteilen in St. Georgen im Schwarzwald, fertigte auf Befehl der französischen Besatzungsmacht aus noch vorhandenem eloxiertem Aluminium einen Minex-

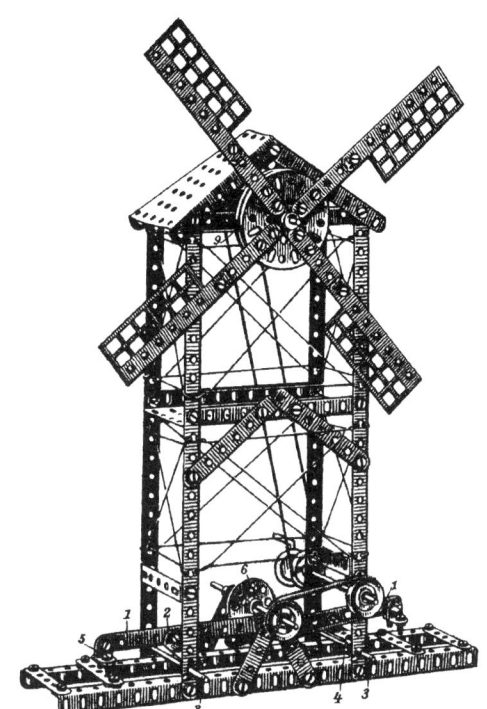

ähnlichen Baukasten unter dem Namen »Mignon«. Dieser Baukasten, wie auch die gleichnamige 10mm-Bahn, wurde zunächst nur für den Export nach Frankreich gebaut. Als er, nachdem sich die Zeiten wieder normalisiert hatten, auch auf dem deutschen Markt angeboten wurde, kam es zu patentrechtlichen Problemen, und die Fertigung des Mignon-Baukastens wurde aufgegeben. Märklin nahm die Herstellung seines Minex-Kastens nach dem Krieg nicht mehr auf, der Name »Minex« wurde 1970 auf eine nur kurzlebige Schmalspurbahn in Baugröße 0 übertragen.

Noch viele andere Hersteller von Baukästen folgten dem Hornby-System, auch in der ehemaligen DDR, so zum Beispiel der »Burgstädter Metallbaukasten« vom VEB Plasticart. Kein Fabrikat jedoch erreichte die Beliebtheit der Märklin-Produkte, dicht gefolgt von Trix.

Tretautos

Das größte Blechspielzeug überhaupt

Kinderautos hat es offenbar schon vor der Jahrhundertwende gegeben. Das genaue Geburtsjahr kennt nach eigener Angabe auch Manfred Klauda nicht genau. Klauda besitzt wohl die weltweit größte Sammlung von Tretautos und zeigt sie in seinem Münchener Museum ZAM – Zentrum für Außergewöhnliche Museen.

Die frühen Tretautos hatten eine Kettenverbindung zur Hinterachse mit einem Pedalkurbeltrieb wie bei Fahrrädern. Um die Zeit des Ersten Weltkriegs er-

folgte die Umstellung auf Schubstangenantrieb, bei dem die Hinterachse wie eine Motorkurbelwelle gekröpft wird.

Es gab und gibt (heute natürlich in Kunststoffbauweise) einfache Kinderautos, die keinen bestimmten Typ als Vorbild hatten, aber auch genaue Nachbauten der Erfolgsmodelle aller Zeiten, bis hin zum Bugatti oder Rolls-Royce der zwanziger oder dreißiger Jahre. Heute stehen in den Schaufenstern der Autohäuser modellmäßige Nachbildungen von Ferrari, Porsche oder auch von Geländewagen, meist angetrieben durch Benzinmotoren mit einer Fliehkraftkupplung. Dies sind die Nachkommen der einstigen Tretautos, wobei diese in einfacher Form (Go-Kart) für Kleinkinder auch noch immer im Spielwarenhandel zu finden sind.

Die Tretautos wurden schon früh reich ausgestattet, denn bis zum Beginn der Plastikzeit waren sie stets ein Angebot an zahlungskräftige Kunden. Handbremse, Hupe und Winker hatten sie fast immer, manchmal auch Batterielicht und ein Ersatzrad. Polstersitze wurden in der Werbung als besonderes Merkmal herausgestellt. In den späteren dreißiger Jahren hat man den Ausstattungsaufwand deutlich reduziert, während noch zu Beginn jenes Jahrzehnts das Chassis meist in Metallbauweise ausgeführt wurde und die Karosse aus Holz, oft mit Blech beplankt. Danach war die Blechkarosserie allgemein üblich, die Ausstattung weniger üppig. Der Antrieb durch einen Elektro- oder Benzinmotor ist keine Errungenschaft unserer Zeit, das gab es bereits vor 1910.

Zu den frühen Herstellern in Deutschland gehörte M. Löffler in Hamburg. Diese Firma lieferte schon im Jahr 1910 sieben verschiedene Modelle für Kinder zwischen drei und vierzehn Jahren, darunter sogar ein »Automobil« mit sechs Sitzplätzen und Doppelpedal-Antrieb.

Bing in Nürnberg fertigte wohl erst recht spät Tretautos – wenn überhaupt. Hier ist noch offen, ob diese Bing-Autos nicht doch Fremdprodukte sind, die der Nürnberger Spielzeug-Gigant zur Abrundung seines Programms bei einem anderen Herstel-

Ein Traum von einem Tretauto aus dem Jahr 1915.

Der Traum mehrerer Generationen: Der Mercedes Benz 190 SL! Die Väter träumten vom Original und die Söhne vom Modell-Tretauto (Nr. 324) der Firma Ferbedo.

Das Ferbedo-Modell 312 aus dem Jahr 1938. Ganzstahlkarosserie und verstellbare Pedale. Dieses Kinderauto kostete 1938 »nur« 27 Reichsmark.

ler kaufte. Denn einige Bing-Fahrzeuge stimmen mit den Autos anderer Hersteller oftmals bis auf Details und Markenzeichen überein. Bing lieferte bis zum Ende seiner Spielzeugfertigung im Jahr 1932 auch sehr aufwendige Tretautos, so das Modell 11/955, einen Zweisitzer von 1,57 Meter Länge, ausgestattet mit Batterielicht, Signalhupe, Fahrtrichtungsanzeiger, Werkzeugkasten mit Schraubenschlüssel, Ölkanne und Putzwolle. Ein vornehmes Auto, »lindfarben mit braun abgesetzt«.

Moses Kohnstam (Moko), Fürther Spielwarengroßhändler, bot Ende der zwanziger Jahre ein breites Programm von Kinderautos an: vom Kleinkinder-

Automobil mit Handkurbelantrieb bis zum feudalen Cabriolet mit 1,71 Meter Länge und richtigem Faltdach.

Der bekannteste deutsche Hersteller von Tretautos ist Ferbedo, gegründet 1898 in Doos bei Nürnberg (heute ein Stadtteil von Nürnberg). Die Marke Ferbedo steht für *Ferd. Bethäuser, Doos*. Später verlegte Ferbedo den Firmensitz ins nahe Fürth. Kinderautos werden seit 1930 gebaut. Bekannt wurden in den fünfziger und sechziger Jahren Ferbedo-Blechtretautos nach den Vorbildern des Ferrari-Formelrennwagens und des Mercedes-SL. Ferbedo produziert noch heute Tretautos, darunter auch Trecker und Go-Karts. Ferbedo-Blechautos kamen in großer Stückzahl auf den Markt. Mit etwas Glück kann man ein solches Gefährt auch noch heute auf einem Flohmarkt als Restaurierungsobjekt finden. Denn stark angerostet sind solche Großobjekte fast immer, da sie meist nur außer Haus gelagert werden können.

Die französische Marke Eureka ist in Deutschland ebenfalls sehr bekannt. Diese Firma fertigte sogar einen Lieferwagen. Der Pariser Hersteller existiert noch heute, jedoch unter einem anderen Namen und produziert kein Spielzeug mehr. Besonders gesucht ist Eurekas Bugatti 35 aus dem Jahr 1933.

Der berühmte Automobilhersteller Ettore Bugatti im elsässischen Molsheim fertigte auch Kinderautos. Im Jahr 1927 wurde – speziell für den Mailänder Automobilsalon – ein maßstäbliches Modell des Typs 52 gebaut, genannt Baby-Bugatti. Dieses wahrhaft königliche Spielzeug wurde von einem 12 Volt-Elektromotor angetrieben und in einer Kleinserie für Kinder gutsituierter Eltern gebaut.

Gleich zwei dieser edlen Kinderautos hat Mitte der achtziger Jahre eine Besucherin am Bruchsaler Spielzeugmarkt angeboten und natürlich auch schnell und teuer verkauft.

André Citroën baute im Jahr 1928 ebenfalls ein batteriebetriebenes Kinderauto, den C 6 Citroënnette.

In England sind als Hersteller von Tretautos vor allem E. Hubner in Birmingham (»Urhersteller Englands«), Brassington & Cooke in Manchester (ab 1909) und Lines Brothers/Triang in London (ab 1913) bekannt geworden. In den USA war die Toledo Metal Whell Company in Ohio (ab 1908) der damals führende Hersteller von Tretautos. In der ehemaligen UdSSR wurde sogar der Moskwitsch als Blechtretauto hergestellt. Noch vor wenigen Jahren waren Tretautos recht preisgünstig zu bekommen. Denn viele Blechspielzeugsammler schreckten aus Platzgründen vor diesem Maxi-Blechspielzeug zurück. Das hat sich geändert. Kinderautos sind heute auch als Ausstellungsstücke gesucht, vom Schaufensterdekorateur, dem Innenarchitekten oder auch von Autohäusern. Die Preise sind entsprechend gestiegen.

Blechautos aus China: Am Sammlermarkt noch ohne Bedeutung. So begann das mit dem Japan-Spielzeug aber einst auch ...

Gibt es noch neues Blechspielzeug?

Fernost-Importe mit Sammlerwert?

Gibt es heute noch Blech*spielzeug?* Man mag es kaum glauben, aber so ist es. Sogar in Deutschland wird noch vereinzelt Spielzeug aus dem Werkstoff Blech hergestellt, so zum Beispiel Musikkreisel (Brummkreisel) von den beiden Zirndorfer Herstellern Lorenz Bolz (seit 1880) und Karl Rohrseitz.

Deutsches Blechspielzeug war weltweit einmal führend, und der Name der Stadt Nürnberg stand für Spielzeug ganz allgemein. Diese Zeit ist aber längst vorbei. Schon in den fünfziger Jahren überrannten die Japaner die europäische Konkurrenz mit ihrem damals »innovativen« Blechspielzeug – zum Beispiel Roboter, bewegliche Figuren und Autos mit besonderen

Funktionen – zu günstigen Preisen. Rasch wich das Federwerk dem batteriebetriebenen kleinen Elektromotor, dem Kernstück des Erfolges. Bedingt durch die politische Entwicklung und auch durch die geographische Lage, fertigten die Japaner anfangs für den riesigen nordamerikanischen Markt. Sie produzierten für deutsche Verhältnisse schier unglaubliche Stückzahlen. Als die Welle der japanischen Batterieautomaten dann auf Europa überschwappte, hatten die traditionellen Hersteller dem nichts entgegenzusetzen. Die schnell zunehmende Verwendung von Kunststoffen wurde ebenfalls von den Japanern initiiert, die gegenüber den Europäern weit weniger durch eine Spielzeugtradition»belastet« waren, die es allerdings auch vereinzelt in Japan gab. Lehmann-Spielzeug wurde beispielsweise schon lange vor dem Zweiten Weltkrieg in Japan kopiert ...

Daß die deutsche Spielzeugindustrie auf den japanischen Vorstoß nur sehr zögerlich reagierte, wenn überhaupt, hatte neben der Tradition noch einen weiteren Grund: Die deutsche Industrie forcierte nach dem wirtschaftlichen Neubeginn mit der Währungsreform am 20. Juni 1948»höherwertige« Produkte wie Radios oder Autos, und mancher Spielzeughersteller stellte später auf Zulieferfertigung für diese vermeintliche Zukunftsindustrie um. Und genau das geschah dann rund dreißig Jahre später auch in Japan. Auch dort verlagerte sich das Interesse der Industrie in Richtung auf»intelligentere« Produkte wie Elektronik, Fotoartikel und Autos. Die Spielzeugfertigung wanderte weiter in billiger produzierende Länder, beispielsweise nach Hongkong, Taiwan, Korea oder Indien. Die einst nach Deutschlands Abtreten führenden Japaner besinnen sich heute wieder auf ihre Spielzeugtradition und fertigen Wiederauflagen oder Replikate ihrer früheren Erfolgsstücke, so zum Beispiel Roboter oder amerikanische Flossenautos. Daß aber auch hier kein *Spielzeug* angeboten wird, zeigt schon der Preis:»So viel« würden Eltern nicht für ein kurzlebiges und vielleicht nach heutigen Maßstäben auch noch recht schlichtes Spielzeug zahlen. Also ist der Sammler angesprochen – und der zahlt bekanntlich

Er fährt und sie knipst mit Blitzlicht: China-Nachbau eines japanischen Spielzeugs.

gern, zumal wenn das Deckelbild des Kartons den Aufdruck »limitierte Serie« trägt.

Zu den bekanntesten japanischen Spielzeugherstellern gehörten beziehungsweise gehören: Alps, Bandai, SH-Horikawa, TM-Masudaya, TN-Nomura, Y-Yonezawa.

Aus China, Hongkong, Taiwan, Korea oder Indien kommen heute neben den vielfach belächelten Deko-»Spielzeugen« auch zum Teil wirklich gelungene große Blechautos, Batterieautomaten oder Flugzeuge, die man durchaus als echtes Spielzeug bezeichnen kann, so beispielsweise von Amar Toys in Delhi/Indien oder über den Exporteur Shanghai Toys Corp./New Toys in China.

In den Staaten des ehemaligen Ostblocks entstanden eher bescheidene Blechspielzeug-Produktionen, manchmal sogar basierend auf Werkzeugen ehemaliger deutscher Hersteller. So gelangten Technofix-Werkzeuge (Gebrüder Einfalt/Nürnberg) vermutlich in großer Stückzahl in den Osten, aber auch nach Frankreich, etwa die Werkzeuge für das Rennmotorrad (Startnummer 2) mit der ehemaligen Werksnummer 255. Die Lithographie dieser Spielzeuge bleibt meist ganz deutlich hinter der des alten Originals zurück, oft ist sie schlicht einfallslos. Ganz anders zu bewerten ist die folkloristische Lithographie der russischen Kalinka-Tanzfigur

169

aus Blech, gemarkt MB, und in der Bundesrepublik in den achtziger Jahren von VEDES vertrieben. Diese Blechfigur mit Federwerk gehört heute zur Komplettierung einer Blechspielzeugsammlung wie eine der großen japanischen, batteriebetriebenen Bodenläufer-Lokomotiven nach amerikanischer Bauart mit dem beweglichen und »seitlich blickenden« Lokomotivführer (erst aus Zelluloid, später aus Weichplastik) und dem typisch amerikanischen Choo-Choo-Warnsignal.

Meist aus Fernost, aber auch im eigenen Land hergestellt, findet man heute sogenanntes Dekorations-Blechspielzeug in großer Zahl, das eigentlich schon vom Hersteller nicht als Kinderspiel gedacht ist. Da diese Dekorationsstücke fast ausschließlich über Boutiquen aller Art in den Großstädten oder in Souvenirläden verkauft werden, nennt man dieses nostalgische Blech in Sammlerkreisen auch »Deko-Blech« oder »Boutiquen-Spielzeug«. Manchmal entlarvt sich dieses »Spielzeug« selbst. Denn die mehr oder weniger freiwilligen Sicherheitsregeln für Kinderspielzeug zwingen hier und da zu Aufklebern wie:»Sammlerartikel! Blechspielzeug kann scharfkantig sein, daher zum Spielen nicht geeignet.« Deutlicher geht es wohl nicht. Interessant in diesem Zusammenhang die Kunststoffwerbung, etwa aus den fünfziger Jahren: »Blechspielzeug ist nicht zum Spielen geeignet...«

Bleibt noch die Frage, ob man solche Blechartikel überhaupt sammeln soll? Die Antwort ist einfach: Hier handelt es sich – siehe oben – nicht um Blech*spielzeug.* Andererseits: Warum nicht, wenn man keinen Wertzuwachs erwartet. Lustig oder gar skurril sind diese Dinge ja meist. Wenn sie also gefallen. Nur – und das ist ja klar nach solchen Aufklebertexten: *Spielzeug* ist das nicht! Auch wenn mit dem Vorbild des neuen Dekorationsstücks einst halb Deutschland gespielt haben sollte.

Der »Mordskerl« von Lehmann ist ein »Wackelpeter« und wurde von 1927 bis 1941 gebaut.

Das »Who is who« der Blechspielzeug- industrie

Diese Auflistung von Firmengeschichten kann nur unvollständig bleiben, denn vor dem Zweiten Weltkrieg – und auch noch danach – gab es vornehmlich im Nürnberger Raum eine riesige Zahl größerer und kleiner Blechspielzeughersteller. Oftmals gelang diesen Firmen die Umstellung auf Plastikverarbeitung nur unzureichend, was dann zum wirtschaftlichen Niedergang führte. Andere Firmennamen verschwanden bereits in den späten dreißiger Jahren infolge Geschäftsaufgabe oder -übernahme im Zuge der »Arisierung« durch die Nationalsozialisten. Einige der genannten Firmen existieren allerdings auch heute noch als Spielzeughersteller mit gutem wirtschaftlichen Erfolg, oder sie sind heute – manchmal unter geänderter Firmierung – in ganz anderen Branchen tätig.

Fast alle alten Blechspielzeuge sind »gemarkt«, wie der Fachbegriff lautet. Das gute Stück wurde also meist mit einem Firmenzeichen versehen. Diese Firmenmarken findet man in gedruckter Form – bei lithographiertem Spielzeug – oder als Prägung, meist bei Eisenbahnspielzeug. Als Firmenzeichen hat man aber auch extra aufgesetzte Schilder verwendet, so zum Beispiel bei Dampfmaschinen, Lokomotiven oder Schiffen.

Die Geschichte der Firma Märklin wurde aufgrund ihrer überragenden Bedeutung im Gesamtbereich des Blechspielzeugs ausführlicher dargestellt.

Vor 1945

Nach 1945

Um 1902

Um 1915

Bis 1932

Karl Arnold GmbH, Nürnberg

Karl Arnold begann funkensprühend: Sein Patent mit dem pendelnd gelagerten Feuerstein bildete die Grundlage für unzählige erfolgreiche Spielzeugideen.

Die Firma besteht seit dem Jahr 1906 und ist bekannt für ein vielfältiges Blechspielzeugprogramm. Das besonders wirklichkeitsgetreue U-Boot ist ein Glanzstück. Der Umstieg vom Blechspielzeug zur Modellbahn gelang Arnold mit Bravour: Die auf der Nürnberger Spielwarenmesse 1960 erstmals gezeigte elektrische Eisenbahn in Spur N (9 Millimeter) wurde zum großen Erfolg unserer Zeit.

Gebrüder Bing, Bing-Werke AG (GBN), Nürnberg

Bing wurde 1866 durch die Brüder Adolf und Ignaz Bing als Großhandelsunternehmen für Haushaltswaren und Spielzeug gegründet. Mit der eigenen Produktion begann man im Jahr 1879, und nur sechs Jahre später beschäftigte die Firma bereits 500 Mitarbeiter. Der Aufstieg war enorm: 1895 wurde die Firma Bing in eine Aktiengesellschaft umgewandelt. Zweigbetriebe und Verkaufsbüros gab es im ganzen Deutschen Reich, auch im Ausland hatte man viele Niederlassungen gegründet. Das Auslandsgeschäft war für Bing immer von großer Bedeutung, voran sicher die Verbindung zu Bassett-Lowke in England. Noch vor dem Ersten Weltkrieg nannte sich Bing »größte Spielwarenfabrik der Welt«. Zu dieser Zeit waren im Gesamtunternehmen, also nicht etwa allein in der Spielzeugfertigung, über 4000 Mitarbeiter beschäftigt. Im Ersten Weltkrieg wurde noch bis 1917 Spielzeug produziert. Ignaz Bing starb 1918, und ab 1919 firmierte Bing unter der Bezeichnung Bing-Werke AG. Insbesondere in den zwanziger Jahren wurden neue Unternehmensbereiche außerhalb der Spielwarenherstellung erschlossen und die Firma in viele selbständige Bereiche gegliedert. Diese Verzettelung führte letztlich zu wirtschaftlichen Schwierigkeiten in den frühen dreißiger Jahren und schließlich zur Einstellung der Spielwarenfertigung im Jahr 1932, um andere Konzernteile zu retten. Spielzeugwerkzeuge kamen zu Karl Bub, Doll, Kraus und anderen.

Bing hatte ein unglaublich vielfältiges Spielzeugangebot. Da fehlte wirklich nichts! Sogar Puppen wurden hergestellt. Doch hier gab es einen Eklat mit Käthe Kruse: Aus heutiger Sicht kopierte Bing ganz unverfroren Puppen der Bad Kösener Firma und nannte sie auch noch ausdrücklich »Imitation der Käthe-Kruse-Puppen« – und warb damit. Käthe Kruse gewann den Prozeß vor dem Reichsgericht in Leipzig im Jahr 1925.

Spielzeug von Bing hatte schon früh einen ganz eigenen, typischen Charakter, und es bewahrte diesen eigentlich bis zum Schluß, auch im Bereich von Dünnblech-Billigspielzeug. Dieses oft skurrile Aussehen sichert Bing-Spielzeug heute gerade im Ausland viele Freunde. Bing gilt als Pionier des Lithographiedrucks und der Verlappungstechnik. Damit gelang den Nürnbergern der Durchbruch zur Massenherstellung. Bing war jedoch nicht nur Massenproduzent, das beweisen seine englischen Eisenbahnen und die schönen Schiffe. Mit abplatzendem Lack haben sich jedoch Sammler Bingscher Spielzeuge immer auseinanderzusetzen.

Karl Bub, KBN/KB/KB-BW, Nürnberg

Karl Bub gründete seine Firma bereits 1851. Im Laufe der Jahre fertigte man die gesamte Palette der Blechspielwaren, Uhrwerkeisenbahnen allerdings erst ab etwa 1903 und elektrische Bahnen ab 1914. Zwischen Bub, Carette und Issmayer kam es zur Kooperation. So findet man Bub-Lokomotiven mit geänderten Rauchkammertüren bei Carette oder Issmayer; Wagen dieser beiden Hersteller wiederum bei Bub. Zubehör von Bub gleicht zudem oft Bing-Produkten. Heute kann man in diesem Bereich jedoch bei beiden Firmen eher eine Zusammenarbeit mit Kibri oder vielleicht auch Cabo in Dresden vermuten. Ab 1930/31 widmete sich Bub der Reichsbahn mit einem sehr eigenen Stil. Als Bing 1932 aus dem Markt ausscheiden mußte, übernahm Karl Bub Teile und Werkzeuge dieses Her-

bis 1930

ab 1930

nur 1932
(Bing-Werkzeuge)

stellers. Ehemalige Bing-Produkte, die in diesem Jahr an Bub übergingen, sind leicht zu identifizieren: Sie tragen das kombinierte KB-BW-Zeichen – für Karl Bub und die Bing-Werke. Das war jedoch nur 1932 möglich, denn Bing ließ Bub diese Bezeichnung gerichtlich verbieten. Bis in die vierziger Jahre baute Bub eine eigene 00-Bahn, ebenfalls ergänzt durch einige von Bing übernommene Teile.

Nach dem Zweiten Weltkrieg versuchte sich Karl Bub mit der (amerikanischen) Spurweite S. Diese Spurweite war damals in den USA weit verbreitet, und der Zeit entsprechend versprach sich der Nürnberger Hersteller aus dieser Tatsache gute Absätze. Doch dieses Produkt endete mit einem Desaster. Denn lediglich eine Schnellzuglokomotive der Baureihe 05 (unverkleidet) entsprach den damals schon hohen Modellansprüchen, der große Rest der S-Bahn blieb auf Spielzeugniveau stehen. Gleiches gilt auch für das H0-Programm von Bub. Die Firma wurde in den sechziger Jahren aufgelöst.

Georges Carette & Cie, Nürnberg

Bis etwa 1905

Bis etwa 1910

Bis 1914

Der Sohn eines Pariser Fotografen etablierte sich im Jahr 1886 mit Hilfe der Gebrüder Bing als Spielzeughersteller in Nürnberg. Bereits 1893 hat Carette eine elektrische Straßenbahn angeboten. Durch seine Zusammenarbeit mit dem Engländer Bassett-Lowke schuf er sich im Ausland einen guten Ruf. Seine Fahrzeuge waren außerordentlich wirklichkeitsgetreu lithographiert – vermutlich besaß er als Sohn eines Fotografen die Fähigkeit, das Vorbild präziser wahrzunehmen und es entsprechend umzusetzen.

Als der Erste Weltkrieg ausbrach, mußte der französische Staatsbürger, der eine Nürnberger Brauerstochter geheiratet hatte, aus Deutschland fliehen. Im Kriegsjahr 1917 übernahm Bing die Fabrik. Carette lebte dann bei Paris, wurde 93 Jahre alt und starb im Jahr 1954. Seine Enkelin besuchte 1990 den Spielzeugmarkt in Mühlheim am Main und erzählte, daß sich ihr Großvater noch bis zu seinem Tode mit Tüfteleien auf dem angestammten Sektor betätigt hatte.

Johann Distler KG, Nürnberg

Die Firma wurde vor 1900 von Johann Distler gegründet und 1938 durch Völk (Trix) übernommen. Distler fertigte ein breites Programm, bestehend aus Blechfiguren, Eisenbahnen und Autos. Nach dem Zweiten Weltkrieg wurde der Porsche 356 zum großen Erfolg. Die Eisenbahnen hingegen fanden nur wenig Anklang. 1962 wurde die Fertigung eingestellt und die Werkzeuge zum Teil nach Belgien verkauft, wo man den Porsche noch einige Jahre weiterbaute.

Vor 1945

Doll & Co, Nürnberg

Doll, 1898 gegründet, begann erst 1927 mit der Fertigung von Eisenbahnen. Nach Übernahme dieser Firma durch Fleischmann im Jahr 1938, blieb der alte Name noch bestehen. Es sind jedoch auch Doll-Lokomotiven bekannt, die mit dem Fleischmann-Emblem (Dreieck) beklebt und bereits mit den filigranen Rädern der Nachkriegsbahn von Fleischmann ausgerüstet worden sind. Im Fleischmann-Archiv befinden sich zahlreiche Muster von Doll, die belegen, daß die Entwicklung sich damals voll in Richtung Modellbahn bewegte. Das Dampfmaschinenprogramm von Fleischmann basiert ebenfalls auf Doll-Entwicklungen.

Bis 1939

Dux, Markes & Co, Lüdenscheid

Carl Markes gründete seine Firma im Jahr 1904, Spielwaren wurden aber erst ab etwa 1916 gefertigt. Es waren Zulieferaufträge für die Firma Walther in Berlin, den Hersteller der legendären Stabil-Baukästen. Nach 1932, dem Firmeneintritt von Markes' Schwiegersohn, Dr. Gustav Böhme, kamen bald die bekannten Auto- und Flugzeugbaukästen heraus. Das Dux-Kino wurde dann über 30 Jahre lang produziert. Den 1955 vorgestellten freifliegenden Plastik-Hubschrauber hat man in einer Auflage von mehreren Millionen Stück hergestellt. Die Dux-Autobaukästen mit Blech- oder Kunststoffkarosse sind heute sehr begehrt. Der Roboter »Dux-Astroman«,

Ab 1932

gebaut um 1958/59, gilt nun als Superstück. Dux hat die Spielzeugfertigung aufgegeben.

Josef Falk, Nürnberg

Die Firma Falk, bekannt für die Nürnberger Spezialität, die »Storchbein«-Dampflokomotive, wurde 1896 gegründet und existierte vermutlich bis zum Ersten Weltkrieg. Es gilt als sicher, daß Falk-Muster und -werkzeuge danach an Plank und Schoenner abgegeben worden sind.

Vor 1900

Gebrüder Fleischmann, Nürnberg

Jean Fleischmann gründete im Jahr 1887 eine Gravieranstalt und lieferte Formen an die Spielzeughersteller. Nach einigen Jahren fertigte er selbst Schwimmtiere und wurde dann schnell für seine Schiffe bekannt. Seit etwa 1892 lieferte Fleischmann auch Schiffskörper an andere Nürnberger Hersteller und wahrscheinlich sogar nach Württemberg. Ab 1899 baute eine Spezialabteilung im Auftrag des Norddeutschen Lloyd Modelle von Überseedampfern für Museen. Jean Fleischmanns Witwe Käthe führte den Betrieb ab 1917 mit Jeans Bruder Jobst, ab 1940 übernahmen die Söhne von Käthe und Jean Fleischmann, Johann und Emil, die Geschäftsführung.

Vor 1945

Hatte Fleischmann um 1906 etwa 60 Beschäftigte, waren es im Jahr 1938 dann etwa 250 Mitarbeiter. Die Nürnberger Firma Leonhard Staudt – mit ähnlichem Programm in hervorragender Qualität – wurde von Fleischmann im Jahr 1928 übernommen. Doll & Co, vornehmlich Hersteller von Dampfspielzeug, aber auch von Eisenbahnen, folgte im Jahr 1938. Neben den Schiffen ist heute vor allem das Großflugboot/Flugschiff Dornier-DO X gesucht, das Fleischmann um 1933/34 fertigte.

Um 1950

Nach dem Krieg wurden bis 1958 noch Schiffe gebaut, Dampfmaschinen sogar bis in die späten sechziger Jahre. Im Vordergrund stand ab 1949 jedoch die damals revolutionäre Spur-0-Eisenbahn mit Zweischienengleis und Gleichstrombetrieb. Doch schon ab

177

1952 galt das Hauptinteresse der H0-Bahn mit den gleichen Bauprinzipien, aber mit dem »übergroßen« Baumaßstab 1:82. Nur nach und nach näherte Fleischmann sich mit seiner H0-Bahn dem internationalen Maßstab 1:87. Der Einstieg in die N-Bahn erfolgte ziemlich spät, im Jahr 1968.

Siegfried Günthermann, Nürnberg

Ab 1919

Günthermann begann im Jahr 1877 mit der Manufakturfertigung einfacher Spielzeuge. Motorkutschen, Autos und Flugzeuge haben die Firma bekannt gemacht. Nach dem Zweiten Weltkrieg wurden dort zunehmend Modellfahrzeuge gebaut. Leonhard Günthermann gab 1965 aus Altersgründen auf. Der Betrieb wurde durch die Firma Siemens übernommen.

Otto & Max Hausser (Elastolin), Neustadt bei Coburg

Vorkriegszeit

Nachkriegszeit

Die Brüder Otto und Max Hausser gründeten ihre Firma im Jahr 1904 in Ludwigsburg bei Stuttgart und fertigten Massefiguren aller Art (siehe auch S. 156 f.), dazu Burgen, Blechfahrzeuge, Spiele und auch Kinderroller. 1936 verlegte die Firma ihre Fertigung nach Neustadt bei Coburg. Nach dem Zweiten Weltkrieg wurden die Fahrzeuge und Figuren nach dem Vorbild der Schweizer Armee umgestaltet, oft nur durch Farbe. In den fünfziger Jahren hat man die Fahrzeugfertigung aufgegeben. Das Material der Figuren wurde auf Kunststoffspritzguß umgestellt, aber weiter handbemalt.

Im Jahr 1983 mußte Hausser die Produktion einstellen. Die Firma Paul Preiser in Steinfels bei Rothenburg ob der Tauber übernahm die Figurenformen.

Matthias Hess, J. L. Hess, Nürnberg

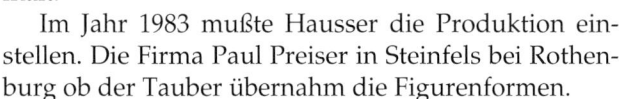

Frühes Signet

1826 gegründet, gehört diese Firma zu den ältesten Firmen der Blechspielzeugbranche. Hess ist vornehmlich bekannt für Spielzeugautos, oft mit Schwungrad-Antrieb. Hierfür besaß die Firma meh-

178

rere Patente. Eisenbahnen bedruckte Hess mit aus heutiger Sicht sehr schöner Lithographie. Diese Bahnen waren meist im Niedrigpreisbereich angesiedelt und wurden auch von anderen Nürnberger Herstellern zur Abrundung des eigenen Programms angeboten.

Die Firmengeschichte endete um 1941.

Frühes Signet

Spätere Version

Joh. Andr. Issmayer, Nürnberg

Issmayer gründete seine Firma im Jahr 1861 und baute bereits um 1879 Schienenbahnen mit einem umfangreichen Zubehörprogramm. Die Bahnhöfe dieses Herstellers beeindrucken durch ihre eigentümliche, liebevolle Interpretation, vor allem der Berliner Anhalter Bahnhof.

1932 wurde die Spielzeugherstellung eingestellt.

*Vor 1945
später ähnlich*

Georg Kellermann & Co, Nürnberg

Kellermann gründete seine Firma im Jahr 1910 und deckte nach und nach das ganze Feld des Blechspielzeugs ab – mit Ausnahme der schienengebundenen Eisenbahnen. Autos bildeten den Schwerpunkt der Produktion. Die Rollo-Autoserie aus Blech, ab 1960 hergestellt, wurde zum Nachkriegserfolg. Trotzdem kam 1979 das Aus, denn die Fertigungskosten waren gegenüber den konkurrierenden Plastikmodellen wohl zu hoch.

Vor 1945

Kibri-Spielwarenfabrik GmbH, Böblingen

Die Firma Kibri (Kindler und Briel), im Jahr 1895 gegründet, gehört zu den wenigen heute noch existierenden, traditionellen und in Familienbesitz befindlichen deutschen Spielzeugherstellern. Von Anfang an hat man sich auf Holz- und Metallspielzeuge konzentriert. Bekannte Spielzeughersteller in Bayern und Württemberg wurden mit Eisenbahnzubehör von Kibri beliefert. Man findet solche Teile bei Märklin, Bing, Bub, Doll(?), Plank und vielen anderen bekannten Marken. In den dreißiger Jahren sind

Kibri-Erzeugnisse bei Trix zu finden, dann bei Fleischmann in den Spurweiten 0 und auch H0 in den fünfziger Jahren.

Kibri stellte bald auf Kunststoffproduktion um und gehört heute mit seiner Produktion von Eisenbahnzubehör und kleinen Modellautos zu den erfolgreichsten Firmen dieser Sparte.

Frühe Nachkriegszeit

Kraus & Co, Kraus-Fandor, Nürnberg

Josef Kraus wählte als Firmenbezeichnung seines 1910 gegründeten Unternehmens eine Kombination der Vornamen von Mutter und Tante: Aus Fanny und Dora wurde FANDOR. Als später durch die Familie in den USA ebenfalls eine Spielzeugfirma gegründet wurde, drehte man diese Namenskombination einfach um und nannte die neue Firma DORFAN. Zwischen beiden Unternehmen bestand eine Kooperation. Kraus lieferte Vollprogramme in den Spurweiten 0 und I, nach 1932 mit Ergänzungen aus dem ehemaligen Bing-Programm, das zu dieser Zeit unter vielen Herstellern aufgeteilt wurde.

Keim & Co übernahm Kraus-Fandor im Jahr 1938. So gab es bei Keim nach dem Zweiten Weltkrieg noch Spur-0-Wagen von Kraus, deren Firmenzeichen nur dünn und somit sichtbar überdruckt worden sind.

Ernst Paul Lehmann, Patentwerk, EPL/LGB, Brandenburg a. d. Havel und Nürnberg

Ernst Paul Lehmann besaß Patente zur Blechdosenherstellung, als er im Jahr 1881 gemeinsam mit dem Nürnberger Jean Eichner, Sohn eines Spielzeugherstellers, seine ersten Blechspielzeuge in Brandenburg fertigte. Diese ersten Spielzeuge hatten Schwungrad-Antriebe. Der Exportanteil war beachtlich, Lehmann-Figuren und -Fahrzeuge wurden zu rund 95 Prozent exportiert. So brachte der Erste Weltkrieg natürlich deutliche Einbrüche.

Ab 1911, vorher in ähnlicher Form: (Presse mit und ohne EPL

Lehmann zog sich im Jahr 1931 aus der Firma zurück und starb 1934. Sein Vetter Johannes Richter übernahm die Leitung des Unternehmens mit nun bereits 800 Mitarbeitern. Ab Mitte der dreißiger Jahre stand das Kleinspielzeug der Icarus- und Gnom-Serien im Vordergrund. Nach dem Einmarsch der Roten Armee wurde bei Lehmann die Produktion einer russischen Rechenmaschine (Taschenrechenbrett) aufgenommen. Als die Firma dann wieder 100 Mitarbeiter beschäftigen konnte, kam die Enteignung. Richter floh mit seiner Familie 1950 in den Westen. Das Brandenburger Werk wurde als VEB (*Volkseigener Betrieb*) weitergeführt, fertigte aber weiterhin auch Spielzeug.

1951 wagte Richter mit seinen Söhnen Eberhard und Wolfgang den Neubeginn in Nürnberg. Es wurde ein schneller Aufstieg.

Johannes Richter starb im Jahr 1956. Seine Söhne führten die Firma mit der ab 1968 gebauten LGB-Bahn (*Lehmann-Groß-Bahn*) zu neuen Höhen.

 ## *Lineol AG, Brandenburg a. d. Havel*

Oskar Wiederholz gründete im Jahr 1906 diese Firma in Brandenburg an der Havel. Lineol produzierte das komplette Figurenprogramm aus Masse, also Indianer, Militär, Eisenbahnfiguren, Tiere und so weiter. Ein vornehmlich militärisches Fahrzeugprogramm, hergestellt aus Blech, stand auf hohem Modellniveau. Lineol-(Militär-)Figuren stehen heute in der Bewertungsskala der Sammler ganz oben. Zu DDR-Zeiten wurde das Figurenprogramm (einschließlich NVA-Figuren und neuen Modellen) im Rahmen eines VEB fortgeführt, zumindest bis 1963.

Ludwig Lutz, Ellwangen/Württemberg

Ludwig Lutz begann im Jahr 1846 mit der Fabrikation von Blechwaren. Spielzeug wurde wohl erstmals Ende der fünfziger Jahre des 19. Jahrhunderts hergestellt. Von 1857 bis 1869 nannte sich die Firma Engler & Lutz, danach firmierte Lutz wieder allein – bis 1891. In diesem Jahr verkaufte Lutz seine Firma an Märklin. Die Gebrüder Märklin hatten schon vorher den Vertrieb des von Lutz produzierten Spielzeugs übernommen. Die Eisenbahnen von Märklin basieren auf den

Lutz-Produkten. Lutz lieferte vermutlich noch während seiner Vertriebsverbindung mit Märklin auch an Bing. Deshalb ähneln sich die frühen Eisenbahnen beider Spitzenmarken. Neben Eisenbahnen fertigte Lutz vornehmlich Kutschen, aber auch Schiffe, Burgen, Karussells und sogar Dampfspielzeug.

Gebrüder Märklin & Cie, Göppingen

Theodor Friedrich Wilhelm Märklin, geboren 1817, kam im Jahr 1840 nach Göppingen und heiratete 1843 Rosine Geiger. 1856 verstarb seine Frau, die ihm zwei Töchter geboren hatte. Im gleichen Jahr erhielt Märklin die Bürgerrechte und wenig später das Meisterrecht der Flaschnerinnung. 1859 heiratete er zum zweiten Mal – wohl der wichtigste Schritt in seinem Leben. Ehefrau Caroline, geborene Hettich, wurde später zum Motor seiner Firma. Durch ihre Zähigkeit und Ausdauer hat sie die Voraussetzungen dafür geschaffen, daß die Firma Märklin trotz aller Schicksalsschläge noch heute existiert.

Mit Varianten bis Ende der zwanziger Jahre

Die Göppinger Firma nennt heute 1859 als Gründungsjahr. Dies ist aber durch neue Recherchen widerlegt. Das Unternehmen war sicher schon einige Jahre früher gegründet worden, wie Inserate in Göppinger Tageszeitungen, die drei Jahre älter sind, belegen. Carlernst Baecker zeigt diese Anzeige als Faksimile in Band 12 seiner Buchreihe »Märklin. Technisches Spielzeug im Wandel der Zeit« (siehe S. 247). Während Märklin mit seinem Gesellen in Göppingen Spielzeug fertigte, zog seine Frau Caroline – wahrscheinlich eine der ersten Reisenden dieser Zeit – quer durch Süddeutschland bis in die Schweiz, wo sie in Geschäften, aber auch auf Gütern die Erzeugnisse ihres Mannes anbot. Und sie hatte guten Erfolg.

Der Firmengründer starb nach einem Betriebsunfall im Dezember des Jahres 1866. Aus seiner zweiten Ehe mit Caroline stammten drei Söhne: Wilhelm, Eugen und Karl. Mutter Caroline heiratete wieder einen Flaschnermeister, der jedoch Märklins Arbeit nicht erfolgreich fortsetzen konnte. Die Firma muß dann wohl einige Zeit geruht haben, bis die Söhne in ein Alter kamen, in dem

Mit Varianten ab 1930 bis 1954

sie das Unternehmen mit Hilfe der Mutter weiterführen konnten. Eugen und Karl gründeten im Jahr 1888 eine »Offene Handelsgesellschaft für Haushaltsgeräte und Spielzeug«. Eugen, geboren 1861, hat vermutlich auch schon vorher Initiativen zur Erhaltung der Firma entwickelt. Geldknappheit blieb zwar noch immer das Problem, doch die Märklin-Söhne hatten Ideen.

Im schwäbischen Ellwangen an der Jagst fertigte Ludwig Lutz damals Spielzeug, das Eugen Märklin so beschrieb: »...das schönste in feinlackierten Metallspielwaren«. Lutz belieferte den Großhandel, darunter auch Bing und Märklin. Im Sommer des Jahres 1891 übernahmen die Brüder Märklin, so schrieb Eugen Märklin in seiner Chronik, den Vertrieb der Lutz-Erzeugnisse. Der Erfolg bestärkte die Brüder in ihrem Plan, die Firma Lutz zu übernehmen, da sich Lutz mit Verkaufsabsichten trug. Da bei Märklin noch immer Geldknappheit herrschte, gab Lutz den Brüdern einen Barkredit mit der Auflage, sich nach einem finanzstarken Teilhaber umzusehen. Lutz verkaufte den beiden Herren Märklin zudem seine Firma. Der finanzstarke Partner wurde gefunden: Emil Friz aus Plochingen trat am 1. Januar 1892 als Gesellschafter in die Göppinger Firma ein. Ein Teil der damals von Lutz übernommenen Belegschaft übersiedelte nach Göppingen, immerhin rund 90 Kilometer entfernt.

MÄRKLIN

Ab 1930 in Varianten bis heute

Märklins Fertigung wurde lange durch die Lutz-Tradition beeinflußt. Die Eisenbahnen von Märklin beruhen auf Lutz-Entwicklungen. Somit ist auch anzunehmen, daß – durch den Fluß der Ereignisse bestimmt – Märklins eigene Eisenbahn in Leipzig nicht schon im Frühjahr des Jahres 1891 präsentiert werden konnte, sondern erst im Herbst. Denn der Verkauf der Lutz-Produkte wurde nach Eugen Märklins Chronik erst im Sommer dieses Jahres übernommen, folglich muß die Firmenübernahme danach erfolgt sein. Somit war die Herbstmesse in Leipzig der dafür frühest mögliche Präsentationstermin. Daß Märklin selbst vorher keine schienengebundene Eisenbahn im Programm hatte, darf als sicher gelten: Eisenbahnen wurden vorher in keiner Zeitungsanzeige erwähnt, wohl aber die anderen Produkte.

183

Im Jahr 1907 trat mit Richard Safft ein weiterer Gesellschafter in die Firma ein. Märklin beschäftigte zu Beginn des Ersten Weltkriegs rund 600 Mitarbeiter. Nach dem Tod von Emil Friz im Jahr 1922 wurde die Firma in eine GmbH umgewandelt.

Zum Märklin-Programm gehörte seit 1920 ein eigener Metallbaukasten, der aus dem schon vorher vertriebenen Meccano-Baukasten (siehe auch S. 159f.) hervorgegangen war. 1928 beschäftigte Märklin bereits 900 Mitarbeiter, und das Auslandsgeschäft lief weiter.

Um 1924 führte Märklin Kundenkataloge ein, die sogenannten »D-Kataloge«, die es heute noch gibt. Damit erreichte man – und das war ein wichtiger Schritt der Verkaufsförderung – auch das »spielende Kind«. Vorher kannte man in dieser Branche nur Händlerkataloge. Neu war auch der den Kundenkatalogen beigeheftete »Wunschzettel« für Weihnachten. Diese Idee machte auch bei den Nürnberger Herstellern schnell Schule. Bald wurden die D-Kataloge auch in Fremdsprachen gedruckt und sorgten weltweit für die Popularität des Blechspielzeuges aus Göppingen.

Im Herbst 1935 kam Märklin mit seiner Version einer modernen 00-Tischbahn – nach Trix – auf den Markt. Es hätte auch eine Bahn der Baugröße S werden können: Diese wurde damals bis zur Serienreife entwickelt und befindet sich noch heute im Archiv. Danach wurden die beiden größeren Spurweiten merklich ausgedünnt, die Spur I ab 1937 aufgegeben, die Spur 0 im Jahr 1954.

Märklins spätere Schmalspurbahn »Minex« hatte nur ein kurzes Leben. Und vor Einführung der Z-Spur »miniclub« hatte man eine N-Bahn entwickelt, wie aus einem Anzeigenfoto in einer Modellbahnzeitschrift hervorgeht.

Märklin, heute noch immer im Geschäft, ist der erfolgreichste deutsche Spielwarenhersteller – vielleicht sogar weltweit.

In Varianten

Ernst Plank, Nürnberg

Die Firma Plank wurde im Jahr 1866 gegründet und ist heute in Sammlerkreisen speziell für ihr Dampfspielzeug bekannt. Im Laufe der Jahre wurde jedoch auch das gesamte Eisenbahnprogramm gebaut. Die erste elektrische Spielzeuglokomotive von Plank ist auf das Jahr 1882 datiert, und zumindest ein Exemplar hat die Jahre überlebt. Im Plank-Programm finden sich auch Produkte von Kibri, eine Kooperation mit Märklin auf dem Sektor Dampfmaschinen ist wahrscheinlich.

Etwa um 1930 ging die Firma Plank in der Firma Noris auf, die für ihre Heimkinos bekannt ist.

Rock & Graner, R & GN, Biberach/Württemberg

Als Gründungsjahr für die Firma Rock & Graner wird 1813 genannt. Sie ist aus dem älteren Handelshaus Wißhack hervorgegangen. Somit dürfte dieses Unternehmen der älteste heute noch bekannte Blechspielzeughersteller sein. Am Anfang standen Puppenmöbel aus Blech, Kutschen und Burgen. Julius Graner verkaufte 1896 die Firma an Oskar Egelhaaf, der nun als Rock & Graner Nachfolger (R & GN) firmierte. Vermutlich kurz vor der Übernahme durch Egelhaaf wurden die ersten schienengebundenen Eisenbahnen gebaut. Die Ähnlichkeit dieser Bahnen mit Märklin-Produkten ist oftmals verblüffend, erklärt sich wohl aber mit dem Lutz-Vorbild. Egelhaaf hat die Firma R & GN aus gesundheitlichen Gründen aufgegeben. Möglicherweise wurden einige Unterlagen oder auch Werkzeuge von Märklin übernommen. Zumindest ist die Verwendung gleicher Druckstöcke oder Vorlagen für ein Schienen-Vorlagenheft belegt: R & GN aus dem Jahr 1902, Märklin von 1905.

Jean Schoenner, Nürnberg

Diese Firma, gegründet 1875, ist besonders für ihre Dampfmaschinen bekannt. Schon am 13. Juli 1893 produzierte sie ihre fünfhunderttausendste Dampfmaschine! Heute kaum vorstellbar.

Dampfbetriebene Spielzeugeisenbahnen wurden seit 1885 hergestellt, anfangs jedoch nur mit geradem Gleis geliefert. Der zu große Achsabstand der Lokomotiven erlaubte keine Kurvenfahrt. Später wurden für Bassett-Lowke in England höchst modellgetreue Eisenbahnen gefertigt. Schoenner baute auch hervorragende bayerische Modelle und zählt zu den Tischbahn-Pionieren. Die Firma bestand bis kurz vor dem Ersten Weltkrieg.

Schuco-Werke, vorm. Schreyer & Co, Nürnberg

Die Firma Schuco wurde 1912 durch den Werkzeugmacher und Tüftler Heinrich Müller gegründet, vormals Mitarbeiter der Firma Bing. Der Name Schuco setzt sich zusammen aus »Sch« für Heinrich Schreyer, den Mitgründer, das »u« steht für und, das »co« für den Compagnon Müller. Schreyer schied im Jahr 1918 aus, und für ihn trat Adolf Kahn als tätiger Teilhaber ein. Kahn mußte 1939 aufgrund seiner jüdischen Abstammung ausscheiden und ging nach New York, blieb aber mit Schuco als Importeur verbunden. Schuco beschäftigte im Jahr 1936 rund 100 Mitarbeiter.

Vor 1930

Seit 1930 in Varianten

Heinrich Müller, der Firmengründer, starb 1958. Nach ihm führte sein Sohn Werner die Firma zusammen mit Alexander Girz weiter. Trotz großer Umsätze mit heute noch sehr bekannten Modellen kam in den siebziger Jahren das vorläufige Aus für Schuco. Vielleicht war das Programm zu groß geworden – man hatte sich wohl auch zu weit von den einstigen Tugenden der Schuco-Spielzeuge entfernt. Neben den eigenen Produkten wurden das HEGI-Plüschtier- und -Modellbauprogramm der Firmen von Herta und Alexander Girz vertrieben. Im Jahr 1976 kam Schuco zum britischen DCM-Konzern. Der Firmensitz wurde von Nürnberg in das unterfränkische Aschaffenburg verlegt. 1980 kehrte Schuco zurück in die Nachbarschaft Nürnbergs, nach Fürth. Gama-Mangold übernahm die Rechte von den Briten und baut nun die Schuco-Replikate.

Einige Schuco-»Spezialitäten«: das Auto, das nicht vom Tisch fällt, Autos generell – in vielen Varianten mit überraschenden Funktionen –, Varianto-Verkehrsspiel, Tanzfiguren, große Flugzeuge, Gußautos in verschiedenen Maßstäben, und die bekannte Feuerwehr sowie die demontierbaren Modellrennwagen der Formel I oder II (BMW) in den Jahren ab 1967 oder die Oldtimer-Serien, ebenfalls erstmals in den sechziger Jahren aufgelegt.

Mit Varianten

Tipp & Co, Nürnberg

Tipp & Co wurde im Jahr 1912 in Nürnberg gegründet. Der Firmenname geht auf die Mitbegründerin namens Tipp zurück. Inhaber Ullmann mußte 1933 aus politischen Gründen nach England emigrieren. Dort gründete er die Spielzeugfirma »Mettoy«. Die Firma Tipp & Co wurde Staatseigentum.

Tippco, so die Kurzbezeichnung, wurde bekannt durch ein breites Angebot vom Auto bis zum Zeppelin. Sehr beliebt waren die Fahrspiele »Reichsautobahn«.

Nach dem Krieg wurde die Firma an Ullmann zurückgegeben. Verkehrsflugzeuge und vor allem die schönen VW-»Bulli« gehören zu den Nachkriegs-Highlights. Ende 1971 wurde die Spielzeugherstellung eingestellt. Nachfolgefirma ist die Noris-Spielwaren GmbH.

Trix Mangold GmbH, Nürnberg

Ein Konsortium mit Stefan Bing übernahm 1927 den Nürnberger Spielzeughersteller Andreas Foertner (Anfoe), Haffners Nachfolger, ehemals eine bekannte Zinngießerei. Ein Metallbaukasten mit markanter Bandlochung trug im Jahr 1930 erstmals den Namen »Trix«, und dieser Baukasten lieferte auch die Begründung dafür: »Tri« steht für die Dreifachlochung im »X«-Profil. Im Frühjahr 1935 stellte Trix seine 00-Bahn (später H0 genannt) vor, den Trix-Express, mit einem Dreischienengleis auf einem Bakelitkörper. Der zumindest bei den Wagen nicht zu übersehende Einfluß von Bing erklärt sich auch durch die Übernahme einiger ehemaliger Bing-Mitarbeiter. Seit dieser Zeit firmierte man unter der Bezeichnung »Trix Vereinigte Spielwarenfabriken«. Bing verkaufte die Firma im Jahr 1938 an Völk und Partner. Bing selbst ging aus politischen Gründen nach England. Dort hatte er schon 1935 die Firma »Trix Ltd.« gegründet, damals noch eine Tochter von Trix Nürnberg. Im Zweiten Weltkrieg wurde die Nürnberger Firma völlig zerstört, und so konnte erst im Jahr 1948 wieder mit der Produktion begonnen werden. 1966 kam Trix zur Wasag-Schildkröt-(Puppen-)Gruppe. Seit 1971 gehört nun Trix – seit 1964 auch N-Bahn-Hersteller – zur Gama-Mangold-Gruppe.

Weitere Blechspielzeughersteller

Hans Biller, Nürnberg
Carl Bochmann (Cabo), Dresden
Hans Eberl, Nürnberg
Gebr. Einfalt (Technofix), Nürnberg
Martin Fuchs, Zirndorf
Gama-Mangold, Fürth
Christian Götz & Sohn (Göso), Fürth
Greppert & Kelch (Gundka), Brandenburg a. d. Havel
Bernhard Hommola, Zschopau
Keim & Co, Nürnberg
Hubert Kienberger (Huki), Nürnberg
Georg Köhler, Nürnberg
Georg Levy (Gely), Nürnberg
Kraus, Mohr & Co, Nürnberg
Müller & Kadeder, Nürnberg
Josef Neuhierl (später Carrera), Fürth
Reil, Blechschmidt & Müller (Oro/Orobr), Brandenburg a. d. Havel
Gebrüder Schmidt (Gescha), Nürnberg
Wilhelm Schröder & Co (Wilesco), Lüdenscheid
Georg Leonhard Staudt, Nürnberg
Walter Stock, Solingen
Walther & Co (Stabil), Berlin
Heinrich Wimmer (HWN), Nürnberg

Der Gama-Stratoclipper Boeing 377, um 1954.

Ratschläge
für Sammler

Die Sammlerszene

Wie kommt der Sammler an »das Objekt seiner Be-
gierde«? Auf den ersten Blick sieht der Anfänger unüberwindliche Schwierigkeiten, wo eigentlich gar keine sind: Es ist wirklich genug »Ware« am Markt. Gute
Sammlerstücke sind vielleicht selten und manchmal
auch recht teuer – aber es gibt sie, manchmal sogar
überraschend preisgünstig. Natürlich gilt auch hier –
wie überall im Leben: »Gewußt, wo und wie«. Es gibt
viele Wege, die zum Ziel führen. – Und der scheinbar
einfachste, der Kauf von Privat, muß nicht der
schnellste und schon gar nicht der günstigste sein.
Oftmals kann man sein Traumstück auf einer Auktion
viel schneller finden und noch kostengünstig dazu.
Wie das, fragt sich der Anfänger verblüfft. Lesen Sie
weiter, hier sind die Erfahrungen eines langjährigen
Sammlers.

Der Kauf von Privat

Es liegt immer noch reichlich altes Spielzeug aller Art
auf Dachböden oder in Kellern. In den traditionellen
Landeshauptstädten zum Beispiel oder auch in Han-
delszentren findet man mehr altes Spielzeug als in
den Industriestädten mit hohem Arbeiteranteil unter
der Bevölkerung. Denn hochwertiges altes Spielzeug,
wie wir es vornehmlich suchen, war auch früher im
Verhältnis sehr teuer. Auf der Suche nach alten
Stücken sollte man auch den Grad der Zerstörung
durch Bomben im Zweiten Weltkrieg bedenken: Das
hochwertige »Saison-Spielzeug« (für die Weihnachts-
zeit) wurde vielfach auf dem Dachboden in dem

berühmten Persilkarton aufbewahrt oder im Schließkorb. Zur Vernichtung genügte damals schon eine einzige Stabbrandbombe, auch wenn deren Feuer vom Luftschutzwart mit seinen Helferinnen bald gelöscht werden konnte.

Wie kommt nun der Sammler an mögliche »Lieferanten«? Einmal – und so fängt man meist an – durch Mundpropaganda. Man fragt die Arbeits- oder Vereinskollegen, beim Sport, am Stammtisch, kurz: alle Verwandten, Freunde und Bekannten. Und diese bittet man, wiederum in ihrem Bekanntenkreis zu forschen. Zum Anreiz winkt der schlaue Sammler mit einer Provision... Gute Dienste leisten hier kleine Karten zum Weitergeben – mit Adresse, Telefonnummer und einer möglichst detaillierten, aber doch weitgesteckten Suchliste, eventuell mit Abbildungen, denn Bilder sagen einfach mehr als Worte.

In Supermärkten findet man häufig Pinntafeln für die Kunden; auch hier kann man eine solche Suchkarte anheften. Hoffen kann man ja immer...

Der nächste Schritt ist die Suchanzeige in der Tageszeitung. Auch hier sollte man möglichst viele Spielzeugarten einzeln aufführen und nicht pauschalieren. Detaillierte Fragen wecken einfach mehr Resonanz. Und trotzdem darf die Suchanzeige nicht zu groß geraten. Sonst wittern die eventuellen Anbieter dahinter einen Profi, der ihre Unwissenheit schamlos ausnutzen will ...

Solche Anzeigen werden einerseits viel gelesen, besonders samstags beim Frühstück, vor allem von älteren Leuten, die wir ja vornehmlich ansprechen wollen. Andererseits glauben aber doch viele Leser, ihr »altes Zeug« sei nichts wert.

Hier kann also eine präzise Suchfrage nach dem Schiff oder dem Auto mehr bewirken als die allgemeine Suche nach »Blechspielzeug«. Aber: Man darf von der ersten Anzeige keine Wunder erwarten oder wenigstens ein Dutzend Anrufe. Die Anzeige sollte schon über einige Wochen geschaltet werden, wie die Erfahrung lehrt. Oft reagiert ein späterer Anbieter erst nach dem zweiten oder dritten Inserat mit gleichem Text.

Kommt nun der ersehnte Anruf, dann nichts wie hin! Kein langes Palaver am Telefon, man muß wirklich sofort reagieren. Es besteht nämlich für Sie die Gefahr, daß Ihr Anbieter auch andere Inserenten angerufen hat. Denn eine Suchanzeige kommt selten allein – besonders am Wochenende in Großstadt-Zeitungen.

Wenn Sie dann an Ort und Stelle mit einer extremen Preisforderung konfrontiert werden, lassen Sie die Finger von der Sache und geben Sie auch kein Gebot ab. Sie legen damit nur dem nächsten Kaufinteressenten einen Preis vor. Wenn dieser dann auch nur ein paar Mark mehr bietet, hören Sie von dieser Sache nie mehr etwas... Also: Entweder sie werden gleich handelseinig, oder Sie haken die Sache ab. Vorbei, und auf ein Neues! Wenn Sie aber Glück haben, dann ist der Kauf von Privat meist tatsächlich sehr günstig.

Der Flohmarktbesuch im Morgengrauen

Wenn Sie erst nach einem ausgiebigen Frühstück zur Fahrt auf den Flohmarkt rüsten wollen, ist es bereits zu spät. Ihre cleveren Sammlerkollegen waren längst schon da und haben alle Stände abgegrast. Was auf Flohmärkten zur Frühstückszeit noch auf den Tischen steht, ist entweder deutlich zu teuer oder von minderer Qualität. Auf Flohmärkten kann man nur im Morgengrauen ein Schnäppchen machen – und man muß gut zu Fuß sein. Mit schnellem Blick, auch unter den Tisch, eilt der erfahrene Sammler mehrfach an den Standreihen vorbei. Eile ist geboten, um vor den Sammlerkollegen die Stände zu inspizieren, und mehrfach ist der Rundlauf erforderlich, da viele Flohmarktbeschicker ihre mitgebrachten Kästen oft erst nach und nach auspacken.

Eine Chance hat man bei Amateurhändlern, die gerade Omas Dachboden entrümpelt haben. Weniger gut stehen unsere Chancen bei den Flohmarktprofis, denn für die ist»alles alte Blech teuer«. Differenziert wird hier nicht. Japan-Blech der sechziger Jahre hat den gleichen Preis wie Vorkriegsspielzeug von Märklin oder Bing.

Der Vorstadt-Trödler

Kenner teilen die Trödler in zwei Gruppen. Die einen »trödeln« aus Liebe zu den alten Dingen und verfügen über ein solides Grundwissen. Bei diesen Händlern kann man durchaus ein schönes Stück zu einem günstigen Preis erwerben. Die zweite Gruppe will nur »schnell Geld machen«. Sie pokern herzlos und versuchen den unsicheren Sammler »über den Tisch zu ziehen«. Ist man einmal im Laden, sieht man gleich, woher der Wind weht – schon an der Art und Weise, wie der Trödler mit seiner Ware umgeht.

Der Antikhandel und der spezialisierte Sammlerladen

Im »ersten Haus am Platz«, mit dem Tabernakel-Sekretär im Schaufenster, wird man Sie vielleicht bei Ihrer Frage nach altem Blechspielzeug etwas herablassend behandeln. Andererseits sind Antiquitätenhändler meist seriöse Geschäftsleute mit solidem Fachwissen. Und das ist schon ein Schutz vor Fälschungen (Rückgaberecht!) oder überhöhten Preisen.

Heute gibt es in fast jeder größeren Stadt Spezialgeschäfte für altes Spielzeug. Die Inhaber sind meist langjährige Sammler, die ihr Hobby zum Traumberuf gemacht haben. Das Angebot ist hier breit, der Preis meist reell. Diese Händler nehmen Ihr überzähliges Stück gern in Zahlung, denn sie sind immer auf der Suche nach neuem Material für ihre Kunden. Sie kennen außerdem das Angebot ihrer Kollegen im Lande und können so auch ein besonderes Stück für Sie beschaffen, oder sie nehmen Ihren Wunsch in eine Vormerkliste auf.

Seit einiger Zeit gibt es auch in Deutschland auf altes Spielzeug spezialisierte Versandhändler, die mit bebilderten Verkaufslisten und dem Angebot von Ratenzahlungen arbeiten.

Der Sammlermarkt:
Treffpunkt am Wochenende

Ob der Markt sich nun Börse, gar Tauschbörse, Sammlertreffen oder Spezialmarkt nennt, es ist immer ein Markt! Und auf einem Markt wird mit Geld bezahlt, nicht mit Ware. Ein Tausch funktioniert so gut wie nie zur beiderseitigen Zufriedenheit. Was soll auch ein Zeppelinsammler mit einem Eisenbahnwagen?

Wichtig ist, daß Sie auch die richtige Veranstaltung besuchen: Ein ausdrücklich als »Modellbahnmarkt« angekündigtes Ereignis wird aller Erfahrung nach dem Blechspielzeugsammler nur sehr wenig bieten. Dort sind die Modelleisenbahner, im Branchenjargon »Nietenzähler« genannt, mit Neuheitenanbietern häufig unter sich. Das Wort »Blechspielzeug« sollte beim Markttitel schon im Vordergrund stehen oder doch wenigstens erwähnt sein.

Auf den bekannten Sammlermärkten findet man ein breites Angebot zu Insider-Preisen. Und, was gerade für den Anfänger ebenso wichtig ist: Dort erfahren Sie nicht nur Rat, sondern auch die Tat. Denn hier treffen Sie die Ersatzteilanbieter. Und noch ein Tip: Versuchen Sie, mit den Spezialisten ins Gespräch zu kommen! Meist sind die Anbieter auf diesen Märkten langjährige Sammler mit reicher Erfahrung – und sie sprechen gerne über ihr Hobby. Zu Ihrem Nutzen.

Nehmen Sie ruhig auch mal ein Stück aus Ihrer Sammlung mit, an dessen Echtheit Sie Zweifel haben. Vier oder sechs Augen sehen mehr und der Blick der Experten ist geschult.

Auktionen: nicht nur etwas
für Reiche

Es gibt Leute, die verteufeln Auktionen als preistreibende Verkaufsveranstaltungen, ohne je selbst eine solche besucht oder deren Ergebnisliste studiert zu haben. Der erfahrene Sammler jedoch begrüßt seriöse Auktionen ausdrücklich als Preisregulativ. Denn die

Auktionskataloge bilden – zusammen mit den Ergebnislisten – die vergleichbare Basis für den ganzen Handel mit altem Spielzeug.

Preisausrutscher gibt es immer wieder. Diese aber regulieren sich meist schon bei der nächsten Auktion. Wenn ein gutbetuchter Sammler zur Abrundung seiner Sammlung unbedingt ein ganz bestimmtes Stück erwerben will – und bei diesem ultimativen Vorhaben im Auktionssaal womöglich noch auf einen ähnlich ambitionierten Konkurrenten trifft –, dann kann schon einmal ein einmaliger Superpreis zustande kommen. Das Gegenteil tritt ein, wenn die Saalbieter kurz vor der Mittagspause hungrig werden und vorzeitig ins nahe Restaurant eilen – oder nach der offiziellen Mittagspause, wenn der Auktionator auf eine satte und schläfrige Bieterschar trifft. Das ist dann die Stunde der Schnäppchenjäger!

Schönes Blechspielzeug in allen Preislagen bietet der Markt genug. Und Kaufchancen haben wir ebenso ausreichend. Während dem einen Sammler schon ein entspannter Gang über einen Flohmarkt im Sonnenschein genügt, hechelt der andere von Angebot zu Angebot: von der Auktion am Samstag zum Spielzeugmarkt am Sonntag, und wenn auf dem Weg dorthin noch ein Flohmarkt auftaucht, wird dieser auch noch schnell »abgegrast«. Die Nutzung der zahlreich gebotenen Möglichkeiten bestimmen zwei Faktoren: Das Engagement und die Belastbarkeit des Bankkontos – und natürlich die wichtige Frage, ob die Familie mitspielt ...

Prognosen

Wie entwickelt sich der Markt • Die Auf- und Absteiger der nächsten Jahre • Gewinn oder Verlust • Von der Freude am Sammeln • Ein Wort zu den Preisen

Der Markt für Blechspielzeug entwickelte sich in den vergangenen 25 Jahren stetig nach oben. Die Zahl der Sammler hat in dieser Zeit gewaltig zugenommen. Aber es gab auch deutliche Einbrüche. Nicht alle Sparten haben gleichermaßen zugelegt. Einige mehr, so die großen Blechautos und die Überseedampfer; andere, wie die Blechbahnen der dreißiger Jahre, in letzter Zeit weniger. Überdurchschnittlich gestiegen sind die Preise der vorher gegenüber anderen Fabrikaten unterbewerteten Fleischmann-Bahnen. Ganz deutlich verloren haben die alten Spur-I-Bahnen.

Ist das ein Generationsproblem? Vielleicht. Denn die erste Generation der heutigen Sammlerbewegung war meist der Spur I zugeneigt. Sammler, die bereits in den sechziger Jahren mit diesem Hobby begonnen haben, sind heute »satt«. Ihre Träume haben sich zwischenzeitlich erfüllt, und sie bezeichnen ihre Sammlungen nun als abgeschlossen. Sie kaufen nur noch wenig und ganz gezielt, denken eher schon altershalber an den Verkauf.

Blechspielzeugsammler sind zudem auch eher dem Spielzeug *ihrer* Generation zugeneigt, das ist verständlich. Wie oft hört man doch:»Wie schön, dieses Stück hatte ich auch als Kind!« Das eigene Erleben bildet einen starken Kaufreiz. Der Beweis für diese These: Schuco-Autos aus den fünfziger und sechziger Jahren rücken mehr und mehr in das Blickfeld und damit in der Preisskala nach oben. Und ob man dies als Blechspielzeugfreund nun wahrhaben will oder nicht: Plastikspielzeug wird bereits gesucht und teilweise auch schon teuer bezahlt. Denken Sie nur einmal an

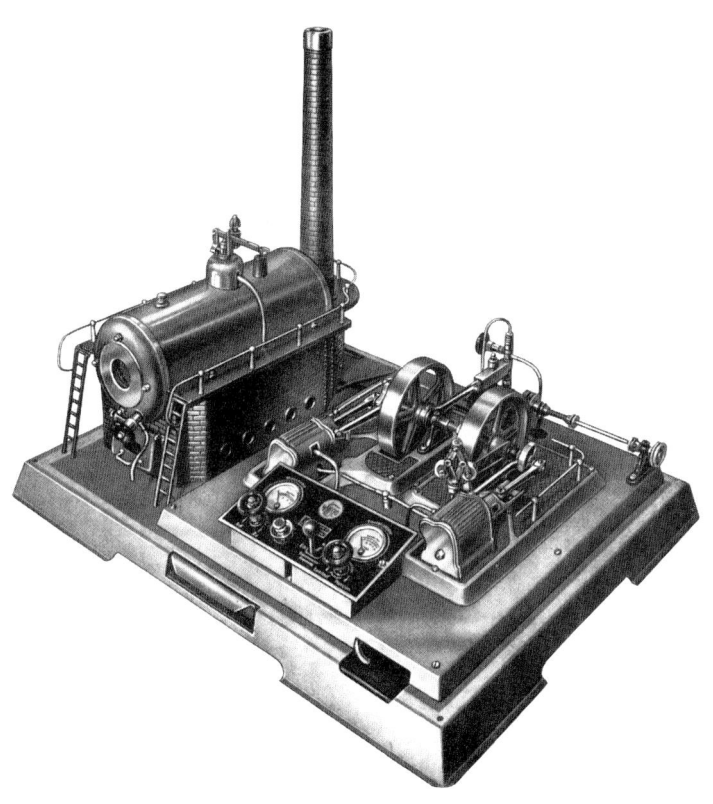

Noch jung an Jahren, aber schon ein gesuchtes Sammlerstück: Zweizylinder-Dampfmaschine von Wilesco.

die Wiking-Autos. Das war das Spielzeug der heute Vierzigjährigen!

Klassisches Blechspielzeug, zum Beispiel Eisenbahnen ab Spurweite II, ganz frühe Automobile, Überseedampfer, Märklin-Karussells oder -Feuerwehren, gehört zu den seltenen Spitzenobjekten. Diese treffen auf einen engen Markt, dort aber auf eine zahlungskräftige Klientel. Auf diesem Sektor steigen die Preise weiter. Und schnell, wie die Auktionen zeigen. Dieser Blechspielzeugbereich hat sich längst stabilisiert, wie der Handel mit Barockmöbeln oder altem Porzellan. Auch in diesen Bereichen des Antiquitätenhandels kommt es hin und wieder zu Einbrüchen, die sich aber nahezu regelmäßig wieder glätten.

Der Markt mit »üblichem« oder spätem Blechspielzeug wird es hingegen deutlich schwerer haben. Hier

ist viel Nostalgie im Spiel, und von wirklicher Rarität kann oft nicht gesprochen werden.

Generell läßt sich sagen: Oben legt der Markt wohl auch weiter deutlich zu. Denn diese Spitzenobjekte sind ausgesprochen rar.

Im unteren Drittel ist der Markt nicht sehr stabil, hat mit großen Händlerbeständen zu »kämpfen« und ufert ständig aus: Neue Randgebiete werden von Spekulanten installiert, Plastikspielzeug wird hoffähig, und die nachrückende Sammlergeneration kennt Blechspielzeug nicht mehr aus ihrer eigenen Kindheit.

Eines ist klar: Nur Qualität hat Bestand, und hier wird der Wertzuwachs auch weiter deutlich über dem banküblichen Zins liegen. Ebenso gilt: Heutige, direkt und ohne den Umweg über das Kinderzimmer auf den Sammler zielende »limitierte Editionen«, asiatisches Deko-Blech (Boutiquen-Blech, häufig mit dem Verpackungsaufdruck »Kein Kinderspielzeug«) oder Replikate werden nur in ganz seltenen oder speziellen Fällen auf Dauer Preisgewinne erzielen. Die Anfangsgewinne bei diesen Artikeln beruhen meist auf Spekulationen außerhalb der Sammlerszene. Negativbeispiele der letzten Jahre gibt es genug. Schauen Sie ruhig einmal in die Anzeigenspalten der Fachzeitschriften ...

Auch wenn hier vom Verkaufswert der alten Blechstücke die Rede ist, darf man doch die ideelle Seite des Sammelns nicht vergessen. Da ist gleich am

Anfang die Freude am Erwerb, dann die Lust am Reparieren und letztlich die tägliche Freude beim Betrachten der alten Stücke in der heimischen Sammlervitrine nach einem anstrengenden Streßtag – und dieses persönliche Glücksgefühl kann sich der Sammler über Jahre hinweg erhalten. Das ist eine unschätzbare Befriedigung – im wahrsten Sinne des Wortes – und mit Geld kaum aufzuwiegen. Es ist vielleicht die schönste Seite am Sammeln.

Was ist mein Blechspielzeug eigentlich wert?

Diese häufig gestellte Frage können selbst Experten erst dann einigermaßen schlüssig beantworten, wenn sie das fragliche Spielzeug in der Hand halten. Der Wert ist nicht unbedingt vom Alter des Stückes abhängig, wohl aber vom Zustand, der Seltenheit und vor allem von der Herstellermarke.

Es können im Rahmen dieses Buchs nur für einige Stücke unterschiedlicher Blechspielzeuge Preise genannt werden. Sie gelten für ein Spielzeug in gutem bis sehr gutem Zustand, bezogen auf das jeweilige Alter. Weiterführende Preistabellen mit der Einschätzung des Marktwertes nach Erfahrungswerten finden Sie in den zahlreichen Sammlerkatalogen, die für fast alle Blechspielzeugarten im Buch- und Fachhandel erhältlich sind und meist jährlich neu erscheinen.

Die nachstehend genannten Preise wurden in den beiden letzten Jahren auf Auktionen erzielt – inklusive Auktionsaufschlag, der durchschnittlich bei 20 Prozent liegt – oder im Fachversandhandel, im Ladengeschäft für altes Spielzeug oder auf den Spielzeugmärkten in Deutschland bezahlt. Alle Preise sind in Deutscher Mark (DM) angegeben.

Pennytoys gibt es heute nicht mehr für Pfennige – man muß hier tief in die Tasche greifen. Wenn der Hersteller bekannt ist, liegen die Preise, je nach Motiv, zwischen 200 und 800 Mark. Teuer bezahlt werden vor allem Autos, Flugzeuge und Zeppeline.

Einen treffenden Beweis dafür, daß Alter nicht unbedingt mit hohem Preis gleichzusetzen ist, liefern die frühen 00-Bahnen von Bing, die heute immerhin schon rund 70 Jahre alt sind. Eine Bing-Lokomotive dieser Baugröße kostet zwischen 250 und 500 Mark. Eine Märklin-Lokomotive dieser Spurweite hingegen brachte schon vor etwa 15 Jahren auf einer Auktion über 84 000 Mark. Es handelte sich dabei um eine Lokomotive der Märklin-Baureihe E 800 LMS für den englischen Markt. Im Göppinger Märklin-Museum ist eine »Schwester« dieser Lokomotive zu bewundern, die im Jahr 1937 in einer Serie von nur etwa 30 Stück hergestellt worden ist. Schwarze und zinkpestfreie Märklin-Dampflokomotiven aus der Vorkriegszeit bewegen sich heute in einer Preisspanne zwischen 1 000 (Modell T 800) und 3 000 Mark für die Modelle R 700 und SLR 700.

Bei den Blechbahnen der großen Spurweiten 0 oder I soll das Preisbild anhand des bekannten Reichsbahn-Vorbilds der Baureihe 01 dargestellt werden. Der Nachbau dieser 2 C 1-Lok läuft bei Märklin unter dem Modellkürzel HR. Die schwarze und elektrisch angetriebene HR66 für die Spurweite 0 wird mit 6 000 Mark bewertet, das entsprechende Modell für die Spurweite I mit 10 000 bis 12 500 Mark, je nach Variante. Die von den meisten Sammlern als Traumobjekt angesprochene Märklin-Lokomotive wird »Krokodil« genannt. Für diese grüne Gotthard-Elektrolokomotive werden heute in der Spur-0-Größe 40 000 Mark bezahlt, für das Modell der Baureihe I sind Gebote über 60 000 Mark bekannt.

Zubehör ist sehr gesucht. Für einen weißen Bahnsteig-Buffetwagen von Märklin muß man etwa 300 Mark investieren, für elektromagnetische Signale oder für ein Bahnwärterhaus zwischen 250 und 500 Mark. Der übliche Märklin-Bahnhof »Friedrichshafen« ist, je nach Ausstattungsvariante, zwischen 100 und 300 Mark auf fast jedem Spielzeugmarkt mehrfach zu bekommen. Ein alter »Centralbahnhof« kann aber auch 20 000 Mark oder mehr wert sein.

Uraltautos von Carette oder Märklin können es durchaus auf 20 000 Mark bringen. Schuco-Autos findet man in einer breiten Preispalette und in großer Stückzahl auf dem Markt. Fabrikneue »Fex 1111«-

Sturzautos werden im Originalkarton zu 800 Mark angeboten.

Der legendäre Motorradfahrer »MAC 700« von Arnold ist für eine Summe zwischen 1 500 und 2 000 Mark erhältlich. Für einen kleinen Tippco-Zeppelin muß man heute bis zu 2 000 Mark bezahlen, und für Schuco-Flugzeuge der Radiant-Serie sind Beträge um 1 200 Mark durchaus üblich. Der seltene deutsche Roboter »Astroman« von DUX wird bei Preisen um 1 500 Mark gesucht. Lehmann-Figuren und -Mobile haben, dem Modellaufbau entsprechend, ebenfalls eine breite Preisskala, etwa vom »Auto-Onkel« um 1 500 Mark, bis zur »Ängstlichen Braut« im Dreirad-Anhänger um 4 000 Mark oder dem »Caritas«-Auto für 7 000 Mark.

Große Puppenherde namhafter Anbieter, zum Beispiel von Bing oder Märklin, werden – je nach Größe und Topfausstattung – mit 1 500 bis 3 000 Mark bewertet.

Natürlich gibt es auch bei Blechschiffen ein unterschiedliches Preisgefüge. Hier gilt: Länge kostet Geld. Ein kleines, aber altes Badewannenbötchen mit Kerzenantrieb steht am Anfang der Bewertungsskala mit etwa 100 Mark. Den Höhepunkt bilden die Ozeanriesen und Panzerschiffe der Marken Bing oder Märklin mit einer Länge von rund einem Meter. Für solche Stücke wird oft die 100 000-Mark-Schwelle auch deutlich überschritten.

Zum Schluß dieses Kapitels noch ein absoluter Höhenflug: Im Jahr 1993 wurden bei einer deutschen Auktion für eine umfangreich ausgestattete »Städtische Feuerwehrstation« von Märklin aus der Zeit um 1900 im Bietergefecht glatte 290 000 Mark bezahlt.

Ein Blick zu den Randgebieten

Auch Plastikspielzeug wird heute schon gesammelt

Das Spielzeug aus Blech hatte seinen Höhepunkt schon vor dem Zweiten Weltkrieg erreicht, obwohl noch bis Ende der fünfziger Jahre schöne Spielzeuge aus diesem Material entstanden sind. Diese gingen aber mehr oder weniger auf Entwicklungen aus der Vorkriegszeit zurück und wurden nun, nach der Notzeit, in neuer, zeitgemäßer Form ausgeprägt.

Blechspielzeug gibt es noch immer, und die Betonung liegt hier tatsächlich auf »Spielzeug«. Wenn man auch beispielsweise die neuen Märklin-Baukastenautos nicht als wirkliches Spielzeug gelten lassen will, da diese Automobile ja offensichtlich für den Sammler limitiert hergestellt werden, so gibt es doch auch heute noch vereinzelt echtes Blech*spielzeug*. Und zwar im Modellbahnbereich der Baugröße H0. Märklin fertigt noch immer Blechwagen, wenn auch meist in Gemischtbauweise mit Plastikanteilen.

Obwohl es sich laut Katalog um Modellbahnwagen handelt, darf man hier getrost von Blechspielzeug sprechen. Denn die hundertprozentigen Modellbahner kritisieren lauthals solche Fahrzeuge ob ihrer vielleicht materialbedingten Kompromisse in Maßstäblichkeit oder Optik. Ihr oft vernichtendes Urteil ist monatlich in den Leserbriefspalten der Modellbahnzeitschriften nachzulesen. Daraus kann man schließen: Mit Kunststoff lassen sich maßstabsgetreuere Modelle fertigen. Das ist nur ein Pluspunkt für diesen gar nicht so modernen Werkstoff. Und es gibt weitere.

Der Siegeszug der Kunststoffe begann eigentlich schon in den zwanziger Jahren mit dem industriellen Einsatz von Bakelit, aus dem in rascher Folge zahlreiche Gebrauchsgegenstände hergestellt wurden. Kunststoffe waren immer »modern«. Das ändert sich heute vielleicht durch die »grüne Welle«, kaum aber im technischen Bereich, wenn wir an unsere Autos denken.

Bakelit, der wohl früheste serienmäßig verarbeitete Kunststoff, ist benannt nach dem Belgier Leo Hendrik Baekeland, der in den USA lebte und sich dort Bakeland nannte – daher Bake-lit. Es gab auch zahlreiche Spielzeuge, die aus Bakelit hergestellt worden sind – sogar noch in den fünfziger Jahren –, beispielsweise der Uhrwerk-Motorroller von HWN (Heinrich Wimmer, Nürnberg), einer bekannten Blechspielzeugfabrik. Und schon seit dem Frühjahr 1935 natürlich der Gleiskörper der Trix-Eisenbahnen, hergestellt von den Preßwerken PAG in Essen.

Der Begriff Kunstharz steht für synthetisch industriell hergestelltes Harz – im Gegensatz zum Naturharz, beispielsweise dem Harz der Bäume. Kunstharze wurden schon um 1908 patentiert.

In den späteren dreißiger Jahren, also noch vor dem Zweiten Weltkrieg, zur Zeit der verstärkten Aufrüstung Adolf Hitlers, begann die Suche nach »Ersatzstoffen« für Metall. Das Wort »Ersatzstoffe« stand noch bis Anfang der fünfziger Jahre für Kunststoffe. Vermehrt wurden Dinge des täglichen Lebens aus Kunstharzen hergestellt: Kamera- oder Radiogehäuse,

Eine Dampfbarkasse des Nürnberger Herstellers Schoenner, gebaut um 1900.

203

auch Knöpfe und vieles mehr. Erinnert sei auch an die Spendenabzeichen des WHW, des nationalsozialistischen »Winterhilfswerkes« und zum »Tag der Wehrmacht«. Diese feinplastischen Kunststoffiguren oder -fahrzeuge waren auch als Spielzeug gedacht und führten den Verantwortlichen in den Spielzeugfabriken die Formbarkeit der Kunststoffe vor Augen – aber auch den Kindern.

Die Nutzung dieser Möglichkeiten mußte auf die Zeit nach dem »Endsieg« verschoben werden. Denn ab 1941/42 durfte man kaum noch Spielzeug herstellen, die Fabriken wurden zur Fertigung von »kriegswichtigen« Gütern herangezogen. Aber es kam ganz anders. Das Inferno von 1945 lähmte jegliches Interesse an industrieller Fertigung von Kinderspielzeug. Außerdem waren die Fabrikanlagen meist zerstört.

Märklin bildete eine Ausnahme. Dort begann die Fertigung bereits wieder im Sommer des Jahres 1945, wie Gebrauchsanleitungen für Lokomotiven mit ihrem Druckdatum belegen. Vermehrt wurde nun in Göppingen Metalldruckguß für die 00-/H0-Modellbahnen eingesetzt – oder Blech.

Einen Meilenstein in der Spielzeugfertigung aus Kunststoff setzte 1947 die Firma Gebrüder Staiger in

Märklins berühmte JU 52 aus den dreißiger Jahren.

204

St. Georgen im Schwarzwald. Der frühere Hersteller von Elektroteilen fertigte nun die Wagenkästen seiner neuen »Mignon«-Bahn (10mm-Spurweite, ein Vorläufer der späteren N-Bahn) serienmäßig einteilig(!) im Kunststoff-Spritzgußverfahren.

Zu den Pionieren auf dem Gebiet der Kunststoffspielzeuge gehört auch die Berliner Firma Wiking, nach dem Krieg bekannt für ihre kleinen Modellautos.

Märklin startete im Jahr 1952 die Fertigung der H0-Wagen aus »Thermoplast« mit einer Güterwagenserie. Während im Westen Deutschlands die chemische Industrie für die Verwendung von Kunststoffen zur Spielzeugherstellung warb und Blechspielzeug in Anzeigen sogar als für Kinder gefährlich bezeichnete, hatten die Spielzeughersteller in der ehemaligen DDR gar keine Wahl. Die berühmt-berüchtigte »Plaste«, meist nicht vergleichbar mit West-Qualität, war dort nahezu der einzige Rohstoff.

Kunststoff oder Plastik ist also für Spielzeug der Werkstoff unserer Zeit. Es ist das weiterführende Material nach dem Blech, kostengünstiger in der Verarbeitung, nicht scharfkantig wie Blech (wer hätte sich noch nicht geschnitten?) und modellgetreuer in der Darstellung – also auch kundenfreundlicher.

Die heute etwa dreißigjährigen Sammler kennen kaum noch Blechspielzeug aus ihrer eigenen Jugend. Sie verknüpfen ihre Kindheitserinnerungen mit Plastikspielzeug und nicht mit Blech.

Frühes Plastikspielzeug wird heute bereits gesammelt – siehe Modellautos, und es wird auf dem Sammlermarkt zunehmend an Bedeutung gewinnen.

Das Sammeln von Modelleisenbahnen der kleinen Spuren, aber auch der großen LGB von Lehmann oder Märklins »Neuer 1«, nimmt immer breiteren Raum ein. Indiz dafür ist die enorme Zunahme reiner Modellbahnmärkte und auch die stetig wachsende Zahl der unterschiedlichen Preiskatalog-Bände des führenden Herausgebers für die kleinen Märklin-Bahnen. Modellbahnen in Vitrinen zu sammeln, das bietet auch Bahnfreunden mit beschränktem Raum eine große Befriedigung. Und die Hoffnung auf eine eigene Anlage muß deshalb nicht aufgegeben werden. »Verwandt« mit den Blechspielzeug- oder Modellbahnsammlern sind auch die Freunde von Gußautos. Ausgehend von den Dinky- oder Märklin-Modellen der dreißiger Jahre – im Maßstab um 1:45 (heute international 1:43, analog der Spur 0) –, finden sie ein weites Feld. Unzählige Firmen in aller Welt liefern heute die wirklichen Modelle, vornehmlich im traditionellen Zinkdruckguß-Verfahren hergestellt. Die Gußautosammler sind wie die Modellbahner wirkliche Modellfreunde mit strengem Blick auf möglichst große Vorbildtreue. Das eher schlichte Modell aus der Frühzeit der Fertigung steht in ihrer Gunst häufig deutlich im Hintergrund, ganz im Gegensatz zum Blechspielzeugsammler. Das sind aber auch zwei Paar Schuhe: Der Blechsammler ist an nostalgischem Spielzeug interessiert, der Modellsammler sucht das möglichst genaue Abbild eines Automobils – und das muß nichts mit seinem Jugendtraum zu tun haben. Wer aber frühe Modelleisenbahnen der kleinen Spuren sammelt oder Modellautos aus dieser Zeit, hat Probleme mit der zerstörerischen Zinkpest (siehe S. 55). Vielleicht ist gerade das der (rationale) Grund, warum sich beide Sammlergruppen mehr der jüngeren Fertigung zuwenden.

Eng verknüpft mit dem Sammelgebiet Blechspielzeug ist auch die Suche nach den Hersteller-Katalogen. Ein möglichst alter Firmenkatalog seiner Lieblingsmarke steht wohl bei jedem Blechspielzeugsammler auf der Wunschliste. Diese alten Originalkataloge erzielten in den frühen siebziger Jahren Höchstpreise. Heute sind sie hingegen – trotz stark gestiegener Sammlerzahl – deutlich preisgünstiger zu erwerben. Damals waren die Kataloge oft die einzige Informationsquelle für den engagierten Sammler, so daß die wenigen noch vorhandenen Exemplare dann entsprechend teuer bezahlt wurden. Um Kundenkataloge aus dem Hause Märklin gab es damals auf den Auktionen regelrechte Bieterschlachten. Es wurden Spitzenpreise bis zu 1 200 Mark bezahlt, heute liegt der Durchschnittspreis bei 300 Mark für

Dieser Fleischmann-Tanker, gebaut um 1936, hat eine Länge von 52 cm.

Märklin-Kataloge der dreißiger Jahre. Die Preiswende kam, als der Frankfurter Blechspielzeugsammler Carlernst Baecker im Jahr 1973 die Reprint-Serie »Die Anderen Nürnberger« (siehe S. 247) startete. In diesen Bänden wurden die noch vorhandenen Kataloge der meisten Nürnberger Hersteller – mit Ausnahme von Bing – nachgedruckt und kostengünstig angeboten. Viele Einzelkataloge sind hier in umfangreichen Bänden zusammengefaßt, und diese Reprints kosten nur noch einen Bruchteil der Originale. Die Initiative zum Katalognachdruck ergriff schon im Jahr 1969 der Schweizer Claude Jeanmaire mit seinem Buch »Die weiten Spuren, Märklin« und dann im Jahr 1972 mit dem Titel »Die Modellbahn unserer Großväter, Bing« (siehe S. 247). Weitere Bing-Bücher von Jeanmaire folgten – aus diesem Grund nannte Baecker seine Reihe auch »Die *Anderen* Nürnberger«. Baecker und Jeanmaire starteten dann gemeinsam mit Dieter Haas im Jahr 1975 die 15bändige Serie »Märklin. Technisches Spielzeug im Wandel der Zeit«. Andere Sammler veröffentlichten zahlreiche weitere Katalognachdrucke, und so ist es heute möglich, sich einen recht detaillierten Einblick in das Produktionsprogramm seiner Lieblingsmarke zu verschaffen (siehe S. 247 f.).

Etwa 1924 führte Märklin die Kundenkataloge ein. Bis dahin waren bei den Spielzeugherstellern nur Händlerkataloge üblich. Diese Kundenkataloge waren von Anfang an ein voller Erfolg. Denn nun konnten sich Eltern und Kinder erstmals über das gesamte Programm eines Herstellers informieren. Vorher war ihnen nur das eher beschränkte Angebot im Laden des örtlichen Händlers zugänglich. Märklins Idee wurde natürlich schnell von den anderen Herstellern aufgegriffen.

Gewissermaßen als Zeitzeuge findet heute ein Katalog besondere Beachtung; es ist Märklins erster Katalog nach dem Zweiten Weltkrieg aus dem Jahr 1947. Im Vorwort kommt nicht nur die Freude über den Wiederbeginn zum Ausdruck, wir finden darin auch eine eindrucksvolle Beschreibung der damaligen Verhältnisse:
»...Die Produktion ist vorläufig noch für das Ausland bestimmt. Die durch den Export geschaffenen Mittel sollen die Einfuhr von Lebensmitteln fördern und mithelfen, die Not der Bevölkerung zu lindern. Wir hoffen, daß bald Rohmaterialien zur Verfügung gestellt werden, um die Zuteilung an unsere Geschäftsfreunde im Inland zu ermöglichen. Unsererseits werden alle Anstrengungen gemacht, um dieses Ziel zu erreichen...«

Märklins großer Spur-I-Straßenbahnzug, die Köln-Bonner-Rheinuferbahn RHU.

Die größte Tender-Lokomotive der Spielbahnzeit, die TK in Spur I von Märklin.

Märklins Katalog D 47 aus dem Jahr 1947 dokumentiert darüber hinaus wie kein anderer die Wende von der Spielbahn hin zur Modellbahn. Die Fülle der neuen Angebote auf dem Sektor der 00-/H0-Bahn (mit den Lokomotiven und Triebwagen CCS, MS, ST, den Spritzguß-Güterwagen und dem neuen Gleismaterial) läßt nur den Schluß zu, daß die Entwicklungsarbeit bei Märklin auch während des Krieges weiterbetrieben werden konnte.

Echt oder falsch, neu oder alt?

Der Erkennungsdienst

Was ist eigentlich ein Replikat, ein Nachbau? Oder was ist eine Fälschung zum Schaden des Sammlers?

Die Antwort ist einfach:

Ein Replikat ist der genaue Nachbau eines Blechspielzeugs außerhalb der Fabrik des ursprünglichen Herstellers. Wenn ein Replikat entsprechend deutlich und unveränderlich (durch Prägung) mit dem Firmenzeichen des Replikat-Herstellers gemarkt wird, ist die Sache absolut in Ordnung. Zur Sicherheit sollte vielleicht auch noch ein anderer Werkstoff verwendet werden. Ist das Original beispielsweise aus Weißblech gefertigt, könnte der Nachbau in Messingblech ausgeführt werden. Jeder Zweifel läßt sich dann sofort mit

Verkehrs-Doppeldecker von Tippco mit drei Motoren und zwei Piloten, um 1930.

210

einem Magnet klären: Weißblech zieht an und Messing nicht. An diese einfache Prüfmethode sollte sich der Sammler ab und zu erinnern.

Replikate findet man recht häufig auf dem Sektor der Märklin-Spur-0-Eisenbahnen. Hier wird weniger der Sammler angesprochen, denn es handelt sich eigentlich um Fahrmaterial zum Betrieb einer historischen Spielbahn mit preiswerten Lokomotiven und Wagen im Stil der Märklin-Modelle aus den dreißiger Jahren.

Gefährlich wird die Sache für den Sammler erst, wenn clevere Fälscher solche durchaus legalen Nachbauten mit gemarkten Originalteilen verbinden und dann zum Beispiel ein teurer 50-Tons-Wagen mit Märklin-Zeichen entsteht oder ein roter Standard-Kesselwagen, zwei- oder vierachsig.

Eine Fälschung zum Schaden des Sammlers liegt dann vor, wenn das Replikat nicht das Kennzeichen des wirklichen Herstellers trägt oder nicht entsprechend unveränderlich als Replikat gekennzeichnet ist, zum Beispiel durch das Weglassen des ursprünglich eingeprägten Markenzeichens.

Es ist auch bekannt, daß talentierte Bastler für sich selbst Replikate gebaut und diese dann – beispielsweise beim Umsteigen auf ein anderes Hobby – ausdrücklich als »Eigenbau« verkauft haben. Aber schon in der nächsten Auktion tauchten dann diese Nachbauten ohne erklärenden Hinweis auf. Sie wurden also in wenigen Wochen zum Original – und kursieren heute als solche in Sammlerkreisen – vielleicht sogar nachträglich mit einem Markenstempel versehen. Die Stempelung restaurierter Blechspielzeuge gilt in Sammlerkreisen manchmal als Kavaliersdelikt. Das ist es aber nicht!

Vom Wert der Replikate

Für den (Eisenbahn-)Spieler haben Replikate einen hohen Nutzen, eben den Spielwert. Man muß sich nicht unbedingt die teuren Originale kaufen, die beim Spielbetrieb mit der Bahn dann auch noch dem Risiko eines Unfalls ausgesetzt sind.

Für den Sammler ist der Wert solcher Replikate eher bescheiden. Sicher, optisch gesehen kann er damit eine schmerzende Lücke in seiner Sammlung füllen. Will er diese Replikate jedoch irgendwann verkaufen, wird er womöglich sein »blaues Wunder« erleben, denn Replikate gewinnen im Regelfall kaum an Wert. Ausnahmen bestätigen bekanntlich die Regel: das Hehr-Replikat der Gotthard-Ellok »Krokodil« in Spurweite 0, nach dem Märklin-Vorbild aus den dreißiger Jahren. Diese Ellok hat schon heute ihren Einstandspreis nahezu verdreifacht. Hier steigt der Preis des Replikats mit dem des Originals. Einer der wenigen Fälle, begründet durch die Seltenheit und den bereits extremen Preis des Originals.

Werden wirklich gute Replikate in größerer Stückzahl angeboten, nimmt ihr Erscheinen am Markt unmittelbar Einfluß auf den Zeitwert des Originals: Der Preis sinkt sofort deutlich. Das ist dann die Stunde der Kenner. Sie kaufen in dieser Phase äußerst preisgünstig Originale in bestmöglichem Zustand für ihre Sammlung. Denn langsam, aber sicher erholt sich der (Original-)Preis, und nach gut zwei Jahren wird er wieder seinen alten Höchststand erreicht haben. Diese Erfahrung konnte der Spielzeugsammler in den letzten Jahren gleich mehrfach machen – und nicht nur bei Blech!

Merke: Nur das Original hat einen Original-Preis!

Der Raddampfer »Adriatic«, gebaut von Märklin um 1900. Länge 81 cm.

Wenn ein Hersteller ein Stück aus seiner früheren Produktion nach langen Jahren wieder auflegt, spricht man in Sammlerkreisen von einer Wiederauflage. In der Regel kommt dieses Spielzeug dann im Detail verändert oder entsprechend markiert auf den Markt. Andererseits befinden sich heute auch Werkzeuge ehemaliger Hersteller in neuen Händen, und so findet man jetzt noch fremdgefertigtes Spielzeug mit dem Aufdruck »Made in US-Zone«. Damit zielt man klar auf den unwissenden Sammler.

Meist weisen solche »Spielzeuge« irgendwelche modernen Veränderungen auf. Möglicherweise sind sie mit Plastiklaufrädern versehen, während das Original auf Gummi oder Blech rollte. Im Innenleben findet man manchmal Plastikzahnräder, die zur Zeit der ursprünglichen Fertigung noch nicht »Stand der Technik« gewesen sein können. Um solche Detailveränderungen zu erkennen, braucht der Sammler gute Branchenkenntnisse und ein kritisches Urteilsvermögen: Hat es das damals schon gegeben?

Auch die Fälschung hat ihren Preis!

Auf Fälschungen trifft man wesentlich häufiger im oberen Preisbereich als in den mittleren oder unteren Sparten. Denn eine wirklich präzise Fälschung erfordert einen hohen Aufwand, so daß bei preisgünstigen Stücken dann das Verhältnis zwischen Aufwand und Erlös nicht mehr stimmt. Bekannt sind gute Fälschungen im Bereich teurer Schiffe, großer Lokomotiven und Wagen, früher Automobile und Flugapparate. Aber auch Eisenbahn-Hochbauten wurden schon ganz oder teilweise nachgebaut; die Entdeckung dieser Tatsache führte sogar zu Prozessen oder doch zu Rücknahmen. Gerade der teilweise Neubau oder die wesentliche Veränderung mit dem Ergebnis eines wesentlich teureren Stückes stellt ein großes Problem dar.

Eine besondere Art der Fälschung, die wieder auf die weniger versierten Blechspielzeugfreunde zielt, findet man häufig auf Flohmärkten: Replikate, Wiederauflagen oder auch neue aktuelle Spielzeuge werden mit künstlich erzeugten Rost- oder Lackschäden auf alt getrimmt und dann als »echt altes Stück von Opas Dachboden« an den Mann oder die Frau gebracht. Bekannte Beispiele hierfür sind die Alterungen der spanischen Paya-Wiederauflagen oder die Umwandlung von Wilesco-Lokomobilen. Wie gesagt, auch die Damen bleiben von solchen Machenschaften nicht verschont. Auf dem Puppensektor ist vielleicht noch mehr Mißtrauen angebracht.

Eine weitere Art der Verfälschung ist das Übermalen handlackierter Stücke. Dabei wird zum Zweck der Erhöhung des Verkaufspreises zum Beispiel ein preisgünstiger grüner Eisenbahnwagen in einen teuren blauen Wagen umlackiert. Hat der Fälscher vor dem Übermalen den Altlack restlos entfernt, schützt hier nur die Erfahrung und das Fingerspitzengefühl vor einem Fehlkauf.

Lackausbesserungen kann der Sammler wesentlich besser erkennen, wenn er sich einer UV-Lampe bedient, wie sie von den Briefmarkensammlern seit Jahren benutzt werden. Der Kauf einer solchen Lampe ist eine kostengünstige Investition, die sich lohnt: Sie ist wichtig bei der Vorbesichtigung von Auktionsware zur persönlichen Entscheidungsfindung – und wer mit einem solchen batteriebetriebenen Taschengerät auf Sammlermärkten auftaucht, findet bei Preisgesprächen häufig offenere Ohren ...

Die Lufthansa-Rohrbach, ohne Antrieb, mit 78 cm Spannweite. Gebaut von Märklin ab 1929.

Ergänzungen fehlender (Klein)Teile sind üblich und keine (Ver)Fälschung. In Sammlerkreisen versteht man darunter beispielsweise den Austausch zinkpestbeschädigter Räder sowie den Ersatz fehlender Teile wie Puffer, Kupplungen, Schornsteine oder Masten und Rettungsboote bei Schiffen. Selbst der Nachbau eines Daches oder einer Tür bei Bahnhöfen oder Eisenbahnwagen ist kein »Beinbruch«, sondern die Rettung eines schönen Stückes – wenn diese Ergänzungen nicht verschwiegen werden!

Reparaturtips

Wie sich jeder Sammler selbst helfen kann

Restaurieren – ja oder nein? Mit dieser scheinbar arglosen Fragestellung kann man bei jedem Sammlertreffen sofort einen heftigen Disput auslösen. Die Meinungen gehen weit auseinander. Eine Extremposition besetzen die Puristen. Sie lehnen Restaurieren grundsätzlich ab. Für sie ist es selbstverständlich, daß altes(!) *Spielzeug* auch mitunter deftige Gebrauchsspuren aufweist. Liebenswürdig nennen sie solche Schäden »abgeliebt«. Fehlende Teile oder auch großflächige Lackschäden sind für diese Sammlergruppe kein Mangel, eher ein Zeichen von Originalität: »Was lange im Gebrauch war, vielleicht sogar über Generationen, das muß doch Schäden haben!«

Die Pedanten hingegen erstreben ein nahezu fabrikneues Aussehen ihrer Sammelgegenstände. Wenn ein handlackiertes Blechspielzeug größere Lackschäden zeigt, erwägen sie bereits eine Ganzlackierung. Diese Sammlergruppe repräsentiert den Gegenpol zu den Puristen.

Wir sammeln altes Kinderspielzeug, das sollten wir uns immer wieder ins Gedächtnis rufen. Und in der Tat: Ein bespieltes Stück hat oft mehr Flair als ein hochglänzendes und noch originalverpacktes Blechspielzeug. Wir sammeln Spielsachen und nicht druckfrische Briefmarken oder Münzen mit »polierter Platte«, ohne jeden Kratzer, und in Watte verpackt. Wir sammeln auch keine *Modell*-Eisenbahnen. Der Modellbahner baut mit seiner Anlage ein Stück reale Welt nach und erwartet zu Recht eine unbeschädigte Lokomotive und ebensolche Wagen. Modellbahner sam-

Früh übt sich –

meln kein Spielzeug in unserem Sinne, sondern eben
Modelle. Und das ist etwas ganz anderes.

Hier einige Tips für die am häufigsten anfallenden
Reparaturen bei altem Spielzeug, die jeder halbwegs
geschickte Bastler zu Hause im Keller oder sogar am
Küchentisch ausführen kann.

Reinigen

Am Anfang steht immer die gründliche Reinigung
des Objektes, egal, ob wir später restaurieren wollen (oder müssen), oder ob das gute Stück nach der

Säuberung gleich in die Vitrine gestellt werden kann.

Bewährt hat sich die Reinigung in einem Bad aus handwarmem Wasser mit flüssigem Feinwaschmittel und unter Einsatz eines weichen Pinsels oder eines Naturschwamms. Erschrecken Sie bitte nicht: Nach dem Trocknen wird das Objekt mehr oder weniger stark milchig angelaufen sein, das ist aber nicht schlimm. Nun wird das Blechspielzeug rundum mit Spiritus besprüht. (Vorsicht! Beim Umgang mit Spiritus besteht immer Explosionsgefahr.) Mit diesem Arbeitsvorgang erreichen wir zwei Ziele: Zum einen verschwindet der Grauschleier vollständig, und zweitens gibt der Spiritus dem alten (Spiritus-)Lack seine Elastizität zurück und damit auch seinen ursprünglichen Glanz.

Das Besprühen sollte in einem ausreichend warmen und lufttrockenen Raum geschehen, sonst kann der Spiritus wieder Luftfeuchte zu einem neuen Grauschleier binden – und dann heißt es »auf ein Neues«!

Hat alles geklappt, steht unser gutes Stück mit nun wieder leuchtenden Farben in seinem fast ursprünglichen Glanz vor uns.

Hilfe, Rost!

Rost frißt immer weiter und muß deshalb entfernt werden. Die befallene Stelle wird gründlich gesäubert und grundiert, danach (bei)lackiert.

Roter Rost – »Ferrihydroxyd« – entsteht durch die Einwirkung von Sauerstoff und Feuchtigkeit auf eine Eisenoberfläche. Und Weißblech ist schließlich dünngewalztes Eisen! Ist eine Handlackierung (die auch gespritzt sein kann) wirklich aufgrund von Rost großflächig abgesprungen oder rundum gesplittert, dann läßt sich eine Neulackierung – bis hin zur Totallackierung – kaum vermeiden.

Kleinere Lackschäden sollten nur ausgetupft werden, wie Sie das auch an Ihrem Auto tun. Der Grundsatz lautet: Es ist immer möglichst viel Ursprünglichkeit zu bewahren.

Vom Zahn der Zeit angenagt, bietet diese Märklin-Lok doch noch eine gute Basis für die fachgerechte Restaurierung.

Abgestoßene Ecken oder nicht abblätternde Lackrisse (Krakelee) sowie fehlende *Klein*teile sind nicht als gravierende Mängel anzusehen. Das sind wirklich nur »Nutzungskennzeichen« – und damit ist gleichzeitig das Standard-Sammlerstück definiert.

Farbausbesserungen

Zu Beginn jeder Farbausbesserung ist zu bedenken, daß die alten Lacke fast immer auf Spiritus als Lösungsmittel basieren. Spirituslacke vertragen sich nicht mit Nitro oder modernen Kunstharzfarben. Versuche – gegebenenfalls innen – sollten Aufschluß über die Verträglichkeit bringen, sonst könnten Blasen den Altschaden noch zusätzlich vergrößern. Spiritusgrundfarben sind auch heute noch im Farbenfachhandel erhältlich.

Zum Austupfen eignen sich Modellbaufarben auf der Basis von Universalverdünnern recht gut. Eventuell muß vorher mehrfach Grundierung aufgebracht werden, um mit dem später aufzubringenden Lack die rundum vorgegebene Originaldicke der alten Lackschicht wieder zu erreichen. Hat man dies nicht bedacht, verderben die tieferliegenden Ausbesserungen den Gesamteindruck.

Wer als Anfänger nicht über eine Modell-Spritzpistole verfügt, kann Ganzlackierungen auch recht gut mit den bekannten Autolack-Spraydosen ausführen.

Solche Sprayfarben stehen im Auto-Ersatzteilhandel in fast unendlicher Vielfalt im Regal.

Vor Beginn einer Lackierung muß natürlich die vorher aufgebrachte (Universal-)Grundierung gut geschliffen werden. Und daß man davor die Altlackierung gänzlich entfernt, ist eigentlich selbstverständlich. Und noch eins: Hände weg vom Pinsel! Spritzen ist angesagt.

Bei lithographiertem Blechspielzeug machen Farbausbesserungen große Schwierigkeiten. Der flache fotoartige Druckfilm ist kaum nachzuahmen, und dick aufgetragener Reparaturlack wirkt wie ein Fremdkörper. Hier empfiehlt es sich, Blankstellen entweder zu belassen oder diese nur mit sehr dünner Farbe – und somit eventuell nicht deckend – zu überziehen.

Und nun noch einige Feinheiten für Ihre Reparaturen:

Zum Nachziehen von Kesselringen bei Lokomotiven oder von Zierlinien aller Art eignet sich die altbekannte Ziehfeder aus dem Zirkelkasten. Dazu ein Tip: Üben Sie an den Rundungen einer Konservendose.

Der Blick in eine Sammlerwerkstatt: Teile, Teile - und irgendwann werden sie zur Restaurierung benötigt.

Zum Schutz der Beschriftungen und Zierlinien haben viele Hersteller früher ihr Blechspielzeug mit einem Klarlack in unterschiedlichem Glanzgrad überzogen. Das sollten auch Sie tun. Es gibt heute noch Kopalharz-Klarlack im Farbenhandel, wie er einst in Nürnberg oder Göppingen verwendet worden ist. Den Glanzgrad oder auch die Farbtönung können Sie mit Zusätzen beeinflussen. Kopalharzlack vergilbt »echt alt« schon durch Sonnenlicht, wenn man ihn – verdünnt – in einem Schraubglas auf die Fensterbank stellt.

Blecharbeiten

Blecharbeiten erfordern schon etwas mehr Übung im Umgang mit Hammer, Zange oder Lötkolben. Wer sich aber mit Geduld hier Schritt für Schritt voranwagt, wird brauchbare Ergebnisse erzielen.

Schon beim einfachen Geradebiegen von Teilen sollte man mit Vorsicht zu Werke gehen, damit eine noch intakte Lackierung nicht unnötig abplatzt. Verbindungslaschen brechen beim Aufbiegen nicht so leicht ab, wenn man ihre Knickstellen vorher mit einer Lampe (etwa 80 Watt) erwärmt.

Mit dem Nachbau schwieriger Teile oder ganzer Baugruppen muß sich der Sammler jetzt nicht mehr befassen. Es gibt für jedes Fabrikat Spezialisten, die derartige Teile bereits listenmäßig anbieten oder nach Muster arbeiten. Heute ist nahezu jedes Teil als Nachbau erhältlich, das irgendwann einmal unter dem harten Zugriff einer Kinderhand zu Schaden kam: Räder, Dächer, Türen, Kamine oder auch die zahlreichen Rettungsboote der großen Überseedampfer.

Wo Sie Chromglanz vermuten, glänzt bei altem Blechspielzeug meist Nickel. Chrom hat einen eher »kalten« Glanz. Nickel hingegen erinnert mehr an altes Silber mit seinem Seidenglanz. Auf Nachbauteilen aus Messing läßt sich dieser Seidenglanz ganz hervorragend mit einem handelsüblichen Versilberungsmittel aufbringen.

Lötarbeiten vermögen nicht nur den Anfänger vor Probleme zu stellen. Wenn durch die Hitzeentwicklung die umliegende Lackierung über Gebühr beschädigt werden könnte, sollte man – als eleganten Ausweg – den Schaden vielleicht durch Kleben beheben. Für Kleinteile bietet sich der sogenannte Schnellkleber (»Sekundenkleber«) an, eine wasserklare und sparsame Flüssigkeit auf Cyanacrylat-Basis. Vorsicht – schnell sind auch die Finger zusammengeklebt!

Großteile klebt man besser mit pastösen Zweikomponenten-Harzklebern. Mit diesen Pasten lassen sich spachtelartig auch Fugen füllen. Alle Klebeflächen müssen vorher sorgfältig entrostet und entfettet werden.

»Einsamer Bär sucht weitere Einzelteile.« Tanzbär unbekannter Herkunft

Ersetzen von Gußteilen

Da hat man nun nach langem Suchen endlich einen schönen Blechbahnhof günstig erwerben können, doch bei der Reinigung stellt man fest, daß etliche Geländerpfosten aus Kompositionsguß gebrochen sind und ersetzt werden müssen. Was nun? Fehlende Gußteile stellen heute kaum noch eine unüberwindliche Hürde dar. Mit der Silikon-Formtechnik kann man fast jedes Teil nachfertigen – sofern man über ein Muster verfügt. Doch keine Angst, das Original leidet beim Abformen wirklich nicht, auch nicht die Farbe. Spezial-Silikon (Kunstkautschuk) zum Formenbau führt jedes gutsortierte Bastelgeschäft. Als Gußmaterial für Dekorationsteile eignet sich schnellfließendes Zinn. Sogenanntes Letternmetall aus (älteren) Druckereien sollte man zum Beispiel dann für Räder verwenden, wenn die Nachgußteile einer Belastung unterliegen.

Bevor man aber mit dem Bau einer eigenen Form beginnt, sollte man in jedem Fall erst einmal im Expertenkreis herumfragen, ob nicht schon ein Sammlerkollege eine solche Form hergestellt hat und nun bereit ist, die fehlenden Teile als Nachguß für ein paar Mark abzugeben. Das müssen nicht immer die bekannten professionellen Anbieter sein, denn es gibt viel mehr Sammler mit Lust am Teilenachbau, als der Einsteiger annimmt.

Diese Hinweise für einfache Restaurierungsarbeiten sind für den ambitionierten Anfänger gedacht und nicht für den Profi; der verfügt über ganz andere technische Möglichkeiten. Und sagen Sie nicht: »Ich kann das nicht.« Wenn Sie Ihren Weihnachtsbaum beim Schmücken nicht umwerfen, können Sie auch Blechspielzeug reparieren.

Schutz der Sammlungen

Vor Dieben, Versicherungen und dem Finanzamt

So läuft es fast immer: Das erste alte Blechspielzeug wird rein zufällig auf dem Flohmarkt erworben. Es war »ganz billig« und glänzte verführerisch in der Morgensonne – und es erinnerte an die eigenen Kindertage. Wer wollte da widerstehen? Es ist nur eine kleine Reminiszenz, mehr nicht. Der Gedanke an eine eigene Blechspielzeugsammlung liegt noch fern – doch plötzlich sucht man bei allen Gelegenheiten nach »seinem Spielzeug«. Und so kommt Stück zu Stück ...

Anfangs stehen die »paar netten Sachen« offen im Bücherregal oder vielleicht auch in einer Vitrine neben den von Tante Lina geerbten Sammeltassen. Doch bald wird es eng, und man sucht für die alten Stücke einen geeigneteren Platz. Hier beginnt die eigenständige Sammlung, und jetzt wird es Zeit, sich einige grundlegende Gedanken zu machen.

Blechspielzeug bewahrt man am besten in einer eigenen Vitrine auf. Diese – es gibt spezielle Sammlervitrinen – sollte staubdicht und verschließbar sein und dazu noch eine möglichst tiefe Stellfläche bieten. Denn es kommt mit Sicherheit noch einiges hinzu. Will man eine Beleuchtung installieren, muß dies mit museumsgerechtem »Kaltlicht« geschehen, da die Lacke keine Hitze vertragen – und Celluloidpuppen auch nicht.

Die Jagd auf das alte Blech ist also eröffnet, man inseriert, fragt hier, fragt dort. Auf Flohmärkten und Sammlertreffen gibt man allen möglichen Leuten seine Visitenkarte: »Wenn Sie mal was bekommen, rufen Sie mich doch bitte an. Hier haben Sie meine Nummer.« Man wird bekannt als Blechspielzeugsammler, und vielleicht erfahren davon auch Leute, denen man dies lieber verschwiegen hätte... Spätestens jetzt ist es Zeit, sich mit dem häuslichen Schutz der Sammlung zu beschäftigen.

Beginnen sollte man bei den Sammelstücken selbst. Es ist ratsam, sich für alle Sammlungsgegenstände eine Karteikarte anzulegen – und dazu auf jeden Fall ein gutes Farbfoto. Die Karteikarte sollte neben der Herkunft, dem Kaufpreis und dem Kaufdatum auch die individuellen Merkmale der einzelnen Stücke enthalten. So zum Beispiel den Hinweis auf einen Mangel: »V-förmiger Kratzer auf der Beifahrertür« oder »Rad rechts hinten ersetzt.« Solche Hinweise können im Ernstfall ein Spielzeug als Ihr Eigentum identifizieren.

Erfahrene Sammler kennzeichnen ihre Stücke ganz individuell und fast unsichtbar. Und das geht so: Frühe handlackierte Blechspielzeuge sind meist mit einem Spiritus/Kopalharz-Klarlack überzogen. An einer unauffälligen Stelle, bei Eisenbahnwagen etwa innen, wird nun der alte Lack mit etwas Spiritus betupft, damit er an dieser Stelle weich wird – und dann drückt man hier seinen Daumen hinein. Ein Fingerab-

Sammlerträume! Märklins große Gotthard-Lokomotive »Krokodil« und die HS, ebenfalls nach Schweizer Vorbild gebaut.

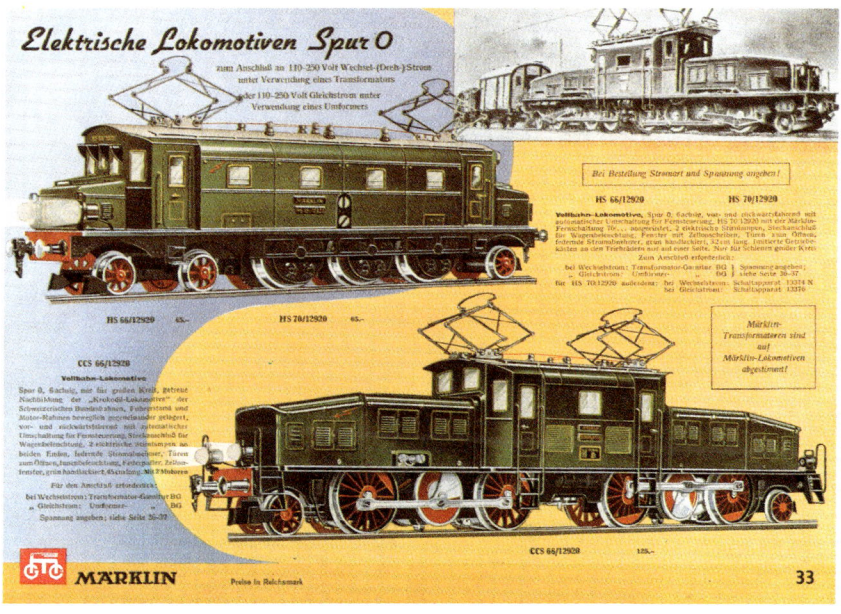

druck! Wenn diese Lackstelle nach einer Stunde wieder getrocknet ist, bleibt eine höchst individuelle Kennzeichnung zurück, die von Fremden weder gesehen noch vermutet wird.

Jetzt zur Wohnung. Zur besseren Absicherung von außen, Fenster und Türen also, holt man sich guten Rat bei der Polizei. In jeder größeren Stadt unterhält die Polizei heute Beratungszentren für die sachgerechte Absicherung der Wohnungen. Hier erhalten Sie Rat von Experten! Abschließbare Fenstergriffe kosten kaum mehr als ein junges und lädiertes Blechspielzeug. Rolladensicherungen kann man selbst montieren, ebenso bündige Türschlösser oder einen von außen nicht abschraubbaren Beschlag.

Nebenbei: Haben Sie schon jemals an einen (richtigen) Feuerlöscher gedacht? Wenn Sie beispielsweise einmal Ihre neuerworbene Dampfmaschine vorführen wollen... Dem Autor sind abschreckende Beispiele bekannt!

Bevor Sie sich eine Alarmanlage zulegen, sollten Sie mit ihrer Versicherung sprechen. Die Versicherer haben da nämlich ganz eigene Vorstellungen, ihr Zauberkürzel heißt »VdS-geprüfte« Alarmanlage. »VdS« steht für »Verband der Sachversicherer« und gilt als Gütesiegel, auch für den Einbau einer Anlage.

Damit sind wir bei der Versicherung angelangt. Anfangs wird die kleine Spielzeugsammlung sicher im Rahmen der üblichen Hausratsversicherung »mit-

Der Raddampfer »Paris«, um 1905 von Bing hergestellt. Uhrwerkantrieb, Länge 50 cm.

versichert« sein. Doch was ist, wenn die Sammlung
wächst und die Familie vielleicht schon reichlich
»hochwertige Gegenstände« wie Schmuck, Pelze oder
Meißner Porzellan besitzt? Hier ist Vorsicht geboten
(Stichwort: Unterversicherung) und ein verbindliches
Gespräch mit dem Versicherungsvertreter angebracht.
Ratsam ist der Vergleich seines Angebotes mit dem eines Mitbewerbers. Die Unterschiede können von Gesellschaft zu Gesellschaft beträchtlich sein. Nicht nur
in der Prämienhöhe, auch in den Bedingungen!

*Jagdzweisitzer
nach Messer-
schmitt-Vorbild.
Gebaut ab 1936
von Tipp & Co
(Tippco).*

Das Finanzamt interessiert sich unter gewissen Um-
ständen irgendwann auch für Ihre private Blechspielzeugsammlung. Dann muß sie aber schon deutlich
den Rahmen einer kleinen Liebhaberei überschritten
haben. Eine Sammlung – gleich welcher Art, also auch
Briefmarken oder Münzen – zählt zum allgemeinen
Vermögen, wie auch Grundstücke oder das Barver-
mögen. Vor der Zahlungspflicht zur Vermögenssteuer
steht aber noch der Abzug der Schulden und der Frei-
beträge für alle Familienmitglieder.
     Wer seine Sammlung auflöst – weil er beispiels-
weise auf ein anderes Sammelgebiet umsteigt – oder
gelegentlich seine Doubletten verkauft, handelt sicher
noch im privaten Rahmen. Übersteigt sein regelmäßi-

ger »Handel« aber den üblichen Rahmen eines Privatsammlers oder wird bei diesem Tun gar ein »Gewinnstreben« ersichtlich, so ist möglicherweise Einkommensteuer und auch Mehrwertsteuer fällig. Das ist eine Ermessensfrage der Finanzbehörde, wobei die Grenzen fließend sind. Es ist also sicher besser, diese Dinge rechtzeitig mit seinem Steuerberater zu besprechen.

Und dann bleibt nur noch zu hoffen, daß Sie Ihre Versicherungsprämien immer »umsonst« bezahlen.

Auktionen, Börsen und Museen

Das Adreßbuch für Spielzeugsammler

Diese Adressen-Zusammenstellung ist natürlich nicht vollständig. Viele Auktionshäuser veranstalten von Zeit zu Zeit spezielle Spielzeug-Auktionen oder integrieren diesen Zweig in ihre Varia-Auktionen. Spielzeugmärkte sind in fast jeder Stadt zu finden; hier sind nur die wichtigsten Veranstaltungen speziell für Blechspielzeugsammler genannt.

Und bedenken Sie bitte: Adressen und vor allem Telefonnummern ändern sich manchmal...

Auktionen

Spielzeug-Auktionen stehen heute nicht mehr im Schatten der Kunstauktionen. Weltweit agierende Auktionshäuser wie Christie's oder Sotheby's versteigern mehrmals jährlich in eigenständigen Veranstaltungen altes Spielzeug aller Art. Einige Wochen vor dem Versteigerungstermin erscheinen die Auktionskataloge, in denen jedes Stück, das zum Aufruf kommt, mehr oder weniger ausführlich beschrieben und oftmals abgebildet ist. Kurz vor der Veranstaltung sind dann noch Besichtigungstermine angesetzt. Hier kann sich der Interessent vor Ort ein wahres Bild von seinem ersehnten Stück machen, und das ist sehr wichtig. Denn oft besteht zwischen der Beschreibung des Auktionators und der eigenen Zustandseinschätzung ein großer Unterschied.

Der Auktionator kassiert vom Ersteigerer (Käufer) und meist auch vom Einlieferer (Verkäufer) ein Aufgeld. Informieren Sie sich vor Abgabe Ihres Gebotes über die Höhe dieses Aufgeldes. Dabei ist auch die Frage wichtig, ob die gesetzliche Mehrwertsteuer im Aufgeld enthalten ist oder ob sie noch zusätzlich aufgeschlagen wird. Ist letzteres der Fall, muß man als Kaufinteressent vorher unbedingt feststellen, ob die Mehrwertsteuer nur vom Aufgeld gerechnet wird oder vom Warenpreis samt Aufpreis. Beides ist möglich, und die zweite Variante kann für den nichtgewerblichen Käufer sehr teuer werden.

Der Ablauf einer Auktion ist sehr spannend und ereignisreich. Man muß sich aber auch beherrschen und konzentrieren können – und nicht immer »alles haben wollen«. Euphorie kann sehr teuer werden und das Erwachen an der Kasse zur schmerzlichen Ernüchterung...

Wenn es Ihr Terminplan nicht erlaubt, eine Auktion zu besuchen, so können Sie sich als sogenannter Fernbieter an der Versteigerung beteiligen. Sie müssen Ihr Gebot dann vorher schriftlich beim Auktionator abgeben. Dieser scheinbar so einfache Weg kann aber einen gewaltigen Haken haben: Sie müssen sich, da Sie das Objekt vorher nicht direkt gesehen haben, nun auf die Zustandsbeschreibung des Auktionators verlassen. Wenn der Versteigerer seine Ware in schönstem Licht beschreibt oder vielleicht einen gravierenden Mangel übersieht, ist der Schwarze Peter später bei Ihnen. Der Autor weiß, wovon er schreibt... Lehrgeld nennt man dieses Pech. Natürlich werten nicht alle Auktionatoren die Mängel gleich.Wenn ein Sammler genügend Erfahrung hat, kann er die individuellen Gebräuche der einzelnen Auktionatoren einschätzen und sich entsprechend verhalten: Kann ich ein Ferngebot wagen, oder muß ich mir das Stück vor Ort erst genau besehen?

Gegebenenfalls kann eine sofortige Reklamation nach dem Erhalt der Ware helfen. Doch diese muß gut begründet sein und vorher sollte man das berühmtberüchtigte Kleingedruckte genau lesen – schon vor einem Gebot!

Die nachstehend genannten Auktionshäuser sind auf Blechspielzeug spezialisiert. Sie sind alphabetisch nach Orten aufgelistet, in denen ihre Auktionen stattfinden.

DEUTSCHLAND

Bamberg

Auktionshaus G. Rammel
Karolinenstraße 1, 96049 Bamberg
Telefon 0951/55529

Bayreuth

Kunstauktionshaus Waltraud Boltz
Brandenburger Straße 36, 95448 Bayreuth
Telefon 0921/20116, Telefax 0921/12614

Berlin

Auktionshaus Rainer Dannenberg
Wiesbadener Straße 82, 12161 Berlin
Telefon 030/8216979

Duisburg-Rheinhausen

Willy von der Warth
Postfach 460, 47829 Krefeld-Uerdingen
Telefon 02151/481590
Willy von der Warth versteigerte als erster Auktionator auf
dem Kontinent im Jahr 1969 Spielzeug in einer Spezialauktion.

Hof

Lankes Kunstauktionen
Klosterstraße 22, 95028 Hof/Saale
Telefon 09281/18200, Telefax 09281/18120

Ladenburg bei Heidelberg

Ladenburger Spielzeugauktion Götz Seidel
Rheingaustraße 36, 68526 Ladenburg
Telefon 06203/13014, Telefax 06203/17193

Mering

Münchner Spielzeugauktionen Georg Brockmann
Schloßmühlstr. 31, 86415 Mering
Telefon 08233/4091, Telefax 08233/30331

Weinheim/Bergstraße

Weinheimer Auktionshaus Rolf Richter
Karlsruher Straße 2/8, 69469 Weinheim/Bergstraße
Telefon 06201/15997, Telefax 06201/182891

Worms

Wormser Spielzeug-Auktion, Erich Lösch
Postfach 44, 67590 Monsheim
Telefon 06243/8144, Telefax 06243/5934

Wuppertal

Auktionshaus Klaus Graeber
Arrenberger Straße 6, 42117 Wuppertal-Elberfeld
Telefon 0202/302025, Telefax 0202/311427

ÖSTERREICH

Wien

Auktionshaus Dorotheum
Dorotheergasse 17, A-1010 Wien
Telefon 0222/5156000, Telefax 0222/51560474

SCHWEIZ

Basel

Auktionshaus Zum Dorenbach
Holeestraße 6, CH-4054 Basel
Telefon 061/478718

Buch am Irschel

Auktionshaus Christine Kohler
Hauptstraße »Alte Kapelle«, CH-8414 Buch am Irschel
Telefon 052/421868, Telefax 052/421631

Zürich

Auktionshaus Ineichen
Badenerstraße 75, Ch-8026 Zürich
Telefon 01/2423944, Telefax 01/2429141

GROSSBRITANNIEN

London

Christie's
85 Old Brompton Road, GB-London SW 73 LD
Telefon 071/5817611

Sotheby's
34-35 New Bond Street, GB-London W1A 2AA
Telefon 071/4938080, Telefax 071/4093100

FRANKREICH

Chartres

Galerie de Chartres, Jean & Jean-Pierre Lilievre
1 bis, Place General de Gaulle, F-28000 Chartres
Telefon 037/360433, Telefax 037/363471

BELGIEN

Hamme

Andre Vercauteren Auktionen
Kan. De Meyerlaan 8, B-9220 Hamme
Telefon 052/478402, Telefax 052/477154

NIEDERLANDE

Auktionator Jan Hollebeek
Weislag 3, NL-5221 AZ 'S-Hertogenbosch
Telefon 073/311564, Telefax 073/312154

Spielzeugbörsen und -märkte

In fast jeder Stadt und fast an jedem Wochenende
werden heute Spielzeugbörsen oder -märkte abgehal-
ten. Der Blechspielzeugsammler findet allerdings nur
auf wenigen dieser zahlreichen Veranstaltungen ein
größeres Angebot. Denn die überwiegende Mehrzahl
dieser Börsen werden nur von Modellbahn-Anbietern
mit Material aus jüngster Zeit beschickt. Oder es handelt sich um Puppenbörsen, dann sind Blechspielzeuge ebenfalls nur Nebensache.

Aber auch für den Blechspielzeugsammler gibt es
eine Reihe bekannter Veranstaltungen. Dort steht sein
Sammelgebiet manchmal sogar im Vordergrund. Diese Treffen, beziehungsweise ihre Veranstalter, sind in
der nachfolgenden Liste ortsalphabetisch aufgeführt.
Diese Aufstellung erhebt aber keinen Anspruch auf
Vollständigkeit.

Manche Veranstaltungen firmieren nahezu irre-
führend als »Tauschmarkt«. Alle Treffen sind aber
echte Märkte, dort wird gekauft und verkauft. Ein
Tausch wäre auch ziemlich problematisch. Denn was

soll ein Eisenbahnsammler mit einem Plüschteddy, der ihm vielleicht im Tausch gegen eine Lokomotive angeboten wird? Ganz ausgeschlossen ist allerdings ein solches Geschäft auch wieder nicht: Die Grenze zwischen Profi und Amateurhändler ist nämlich fließend. Und so kann der Eisenbahnanbieter diesen Teddy auf einer der nächsten Börsen wieder weiterverkaufen. Aber – und das ist jetzt der Haken – er wird den Teddy nur mit einem deutlichen Preisabschlag in Zahlung nehmen. Man sieht also, ein Tausch »Stück gegen Stück« funktioniert nur im seltensten Fall. Die einfachste Lösung ist daher, den Teddy an einen echten Teddy-Sammler zu *verkaufen* und die Lokomotive ebenfalls zu kaufen.

Es hat sich bewährt, vor dem Besuch solcher Treffen kurzfristig vorher beim Veranstalter anzufragen, ob die angekündigte Börse auch tatsächlich stattfindet. Nicht selten wird eine Veranstaltung von den Behörden kurz vor dem Termin noch gestoppt, und so spart man sich vielleicht nutzlose Kilometer.

DEUTSCHLAND

Berlin

»Groß-Berliner Spielzeugmarkt«, R. Hebeling
Hohenfriedberg Straße 5, 10829 Berlin
Telefon 030/7842346

Bruchsal

»SEAS«, Willi Siegele jr.
Waldstraße 21, 76297 Stutensee
Telefon 0721/682664

Duisburg-Rheinhausen

Termingleich mit den Auktionen in der Duisburger Rheinhausen-Halle:
Traditioneller »Markt im Freien«, nahe Auktionssaal

Frankfurt/Main-Höchst

Morneweg-Märkte
Rüsterstraße 4d, 60325 Frankfurt/Main
Telefon 069/727855

Ladenburg bei Heidelberg

Götz Seidel
Rheingaustraße 36, 68526 Ladenburg
Telefon 06203/13014, Telefax 06203/17193

Mering

Münchner Spielzeugmarkt, Georg Brockmann
Schloßmühlstraße 31, 86415 Mering
Telefon 08233/4091, Telefax 08233/30331

Mühlheim am Main

»Die Internationalen Rhein-Main-Märkte für Altes Spielzeug«, Alice Wagner
Lindacher Straße 7, 63179 Obertshausen
Telefon und Telefax 06104/42028

Nürnberg

Günther Gaal
Bonwiedenweg 9, 73312 Geislingen
Telefon 07331/43042, Telefax 07331/43041

Stuttgart/Böblingen/Sindelfingen

Dr. Rolf Theurer
Saarstraße 7, 70374 Stuttgart
Telefon 0711/548154, Telefax 0711/548052

Weinheim/Bergstraße

Termingleich mit den Auktionen in Weinheim:
Traditioneller »Markt im Freien«, nahe Auktionssaal

Worms

Erich Lösch
Postfach 44, 67590 Monsheim bei Worms
Telefon 06243/8144, Telefax 06243/5934

Wittringen (Wasserschloß)

Klaus Raape
Gerichtsstraße 1, 46236 Bottrop
Telefon 02041/20654

Wuppertal (und andere Veranstaltungsorte)

Klaus Graeber
Arrenberger Straße 6, 42117 Wuppertal-Elberfeld
Telefon 0202/302025, Telefax 0202/311427

SCHWEIZ

Münsingen bei Bern

A. Koller
Dorfmattenweg 9a, CH-3110 Münsingen
Telefon 031/7210493

FRANKREICH

Paris

Toymania, Anamorphose
91 Av. J. B. Clement, F-92100 Boulogne
Telefon 33/1/48258833, Telefax 33/1/48250604

Museen

Für den engagierten Sammler ist es einfach ein Muß, auf Urlaubs- oder Wochenendfahrten oder auch bei beruflichen Reisen jedes erreichbare Spielzeugmuseum zu besuchen. Allerdings sollte man auch differenzieren, vor allem wenn man unter Zeitdruck steht:

Blick in den historischen Teil des Märklin-Werkmuseums in Göppingen.

Wenn ein Museum ausdrücklich als Puppenmuseum firmiert, wird es dem Blechspielzeugsammler nur wenig bieten. Die folgende Übersicht ist nicht lückenlos, berücksichtigt aber speziell die Museen mit einem großem Bestand an Blechspielzeug. Berücksichtigen Sie bei Ihren Reiseplanungen, daß die meisten Museen montags geschlossen sind; der Montag ist traditionell der Sonntag der Museumsleute. Ein klärender Anruf vor der Abfahrt ist bestimmt nützlich – vielleicht wird auch gerade umgebaut und die Schätze lagern im Magazin. Wenn man nach langer Anreise erst per Pappschild an der Museumstür von solchen Hindernissen erfährt, ist der Tag kaum noch zu retten ...

DEUTSCHLAND

Göppingen

Märklin-Museum (Gebr. Märklin Werksmuseum)
Holzheimer Straße 8, 73008 Göppingen
Telefon 07161/608289
Geöffnet: Montag bis Freitag 9 bis 12 Uhr und 13 bis 16.30 Uhr.

Städtisches Museum im »Storchen«
Wühlestraße 36, 73008 Göppingen
Telefon 07161/650427 oder 650425
Geöffnet: Dienstag bis Freitag 14 bis 17 Uhr, Samstag, Sonntag und an Feiertagen von 10 bis 12 Uhr und 14 bis 17 Uhr.

München

Spielzeugmuseum im Alten Rathausturm, Sammlung Ivan Steiger
Marienplatz 15, 80331 München
Telefon 089/294001 oder 2711969
Geöffnet: Montag bis Samstag 10 bis 17.30 Uhr, Sonn- und Feiertage 10 bis 18 Uhr.

ZAM-Zentrum für Außergewöhnliche Museen (Tretautomuseum)
Westenrieder Straße 26, 80331 München (100 Meter vom Isartor)
Telefon 089/2904121
Geöffnet: Täglich von 10 bis 18 Uhr.

Nürnberg

Spielzeugmuseum der Stadt Nürnberg
Museum Lydia Bayer
Karlstraße 13 – 15, 90403 Nürnberg
Telefon 0911/2313260 oder 2313164
    Geöffnet: Dienstag bis Sonntag 10 bis 17 Uhr, Donnerstag bis 21 Uhr.

Passau

Spielzeugmuseum, Sammlung Ivan Steiger
Residenzplatz 15, 94032 Passau
Telefon 0851/34226 oder 089/2711969
    Geöffnet: Täglich von 9.20 bis 17.30 Uhr, im Winter laut Anschlag. Geschlossen von Mitte Januar bis Ostern.

Sonneberg/Thüringen

Deutsches Spielzeugmuseum
Beethovenstraße 10, 96515 Sonneberg
Telefon 0037/2856 (Änderung möglich)
    Geöffnet: Dienstag bis Sonntag von 9 bis 12 Uhr und 13 bis 16.30 Uhr.

Trier

Spielzeugmuseum
Nagelstraße 4, 54290 Trier
Telefon 0651/75850 oder 75851
    Geöffnet: Dienstag bis Sonntag von 11 bis 17 Uhr.

ÖSTERREICH

Salzburg

Spielzeugmuseum
Bürgerspitalgasse 2, A-5020 Salzburg
Telefon 0662/847560
    Geöffnet: Dienstag bis Sonntag von 9 bis 17 Uhr.

Vöcklamarkt

Kinderweltmuseum Schloß Walchen
A-4870 Vöcklamarkt
Telefon 07682/6246
    Geöffnet: Mai bis Oktober, täglich von 10 bis 18 Uhr, November bis April nach Vereinbarung.

SCHWEIZ

Riehen bei Basel

Spielzeugmuseum
Baselstraße 34, CH-4125 Riehen
Telefon 061/672829
Geöffnet: Mittwoch von 14 bis 19 Uhr, Donnerstag bis
Samstag von 14 bis 17 Uhr, Sonntag von 10 bis 12 Uhr
und 14 bis 17 Uhr.

Zürich

Spielzeugmuseum (Franz Carl Weber-Stiftung)
Fortunagasse 15, CH-8001 Zürich
Telefon 01/2119305 oder 410074
Geöffnet: Montag bis Freitag von 14 bis 17 Uhr, Samstag
von 13 bis 16 Uhr.

BELGIEN

Mechelen

Speelgoed-Museum
Nekkerspoel 21, B-2800 Mecheln
Telefon 015/200386
Geöffnet: Dienstag bis Sonntag von 14 bis 17 Uhr.

NIEDERLANDE

Deventer

Speelgoed- en Blikmuseum
Brink 47, NL-7411 BV-Deventer
Telefon 05700/93786 oder 93783
Geöffnet: Dienstag bis Samstag von 10 bis 17 Uhr, Sonn-
tag von 14 bis 17 Uhr.

Oostvoorne

Speelgoedmuseum (Schwerpunkt Märklin)
Hoflaan 16, NL-3233 AN Oostvoorne
Telefon 01815/5085
Geöffnet: März bis Dezember (25./26. und 31.12. ge-
schlossen): Mittwoch bis Samstag von 10.30 bis 16.30
Uhr, Sonntag von 13 bis 16.30 Uhr.

Anhang

Glossar

Die Gemeinde der Blechspielzeugsammler verwendet zur Objektbeschreibung bei Auktionen oder Tauschangeboten, aber auch in Publikationen Begriffe oder Kürzel, die dem Neuling als eine Art Geheimsprache erscheinen müssen.

Damit dies nicht so bleibt, finden Sie hier die gebräuchlichsten Fachausdrücke aufgelistet und kurz erläutert.

Diese Bezeichnungen stammen meist aus der Zeit des jeweiligen Spielzeugs und sind zum Teil heute nicht mehr gebräuchlich.

Antriebsmodell ⇨ Betriebsmodell für Dampfmaschinen. Die klappernde Mühle oder der wurstelnde Metzger bei Doll oder Fleischmann.

Bodenläufer ⇨ Eisenbahn mit oder ohne Antrieb; läuft nicht auf Schienen, sondern auf dem Boden oder dem Tisch. Auch Schiffe oder Flugzeuge außerhalb des ureigenen Elements, also mit eigenem Antrieb oder auf dem Fußboden gezogen, bezeichnet man als Bodenläufer.

Brenner ⇨ Spiritus- oder Trockenbrennstoff-Brenner für Dampfmaschinen oder Dampflokomotiven in unterschiedlicher Form, als Docht- oder Vergaserbrenner.

Dribbler ⇨ Englischer Begriff für »Tröpfler«: frühe Dampflokomotiven beispielsweise, meist Tröpfler-Bodenläufer. Diese Spielzeuge waren häufig undicht und tröpfelten. Daher der Name.

Flaschner ⇨ süddeutsche Bezeichnung für Blechverarbeiter, Klempner, Spengler.

Friktionsantrieb ⇨ Schwungrad- oder Reibradantrieb. Das Fahrzeug wird auf einer glatten Fläche mit Druck hin oder her bewegt, so daß sich dadurch sein Federwerk aufzieht oder die Schwungmasse rotiert und so die Räder antreibt.

Handlackierung ⇨ Frühe Blechspielzeuge sind meist handlackiert, was aber auch gespritzt bedeuten kann. Die Dekorationen wurden dann freihändig oder mit Schablonen aufgelegt, manchmal auch gestempelt. Als Farbbasis diente fast immer Spiritus, deshalb Vorsicht beim Reinigen oder bei Farbausbesserungen.

Heißluftmotor ⇨ Heute geläufig: Stirling-Motor. Erzeugt Antriebsleistung durch die sich ausdehnende heiße Luft.

Kompositionsguß ⇨ Bezeichnung für eine in der Spielzeugfertigung gebräuchliche Blei/Zinn-Mischung.

Lithographie/Chromlithographie ⇨ Von Alois Senefelder im Jahr 1796 erfundener Flachdruck (Steindruck). Machte gemeinsam mit der ⇨ Verlappungstechnik erst die Massenherstellung von Blechspielzeug möglich. Wegbereiter waren Bing, Hess oder Issmayer. Lithographiertes Spielzeug gilt vom Sammlerstandpunkt aus nicht zwangsläufig als zweitrangig.

Lok ⇨ Abkürzung für Lokomotive(n). Heute üblich für die Mehrzahl: Loks.

Luna-Objekte ⇨ Bezeichnung für Weltraumspielzeug, Raketen und Roboter.

Manufaktur ⇨ Aus dem Lateinischen *manu facere* = mit der Hand machen. Bezeichnung für vorindustrielle Handwerksbetriebe. Die Manufakturstücke (z. B. von Lutz/Ellwangen) sind meist komplett gelötet und glattflächig.

Masse ⇨ Bezeichnung für einen formbaren Rohstoff zur Herstellung von Figuren aller Art. Masse besteht aus Kaolin, Sägemehl und Kasein-Leim. Bekannteste Hersteller von Massefiguren: Elastolin/Hausser und Lineol. Vorsicht, Masse ist wasserempfindlich! Außerdem kann der Skelettdraht rosten und so durch seine Volumenvergrößerung Figurenteile absprengen.

Mimikry ⇨ Tarnfarben-Lackierung in wolkenartiger Form mit verschiedenen Farbtönen in Grün, Beige und Braun.

mint and boxed ⇨ Englische Bezeichnung für »neuwertig und im Originalkarton« befindliche Ware. Häufig verwendete Abkürzung: »mb«.

Novelty/Novelties ⇨ Englisches Wort für »Neuheit(en)«. Gemeint sind damit Spielzeuge und Figuren, wie sie beispielsweise für die Brandenburger Firma Lehmann typisch waren.

Mystery-Antrieb ⇨ Rückstoßantrieb bei Schiffen durch Ausstoß von heißem Wasser. Üblich bei den »Tucktuck«-Badewannenbooten mit Kerzenheizung. Aber auch bei großen Booten von Märklin oder Sutcliffe/England und anderen Firmen.

Oszillierender Zylinder ⇨ Beweglich gelagerter Dampfzylinder bei Dampfmaschinen oder Dampflokomotiven. Preisgünstigere Anordnung gegenüber den feststehenden Zylindern wie im Großbetrieb. Sammlername: Wackelzylinder. Dieser Begriff stammt aus der damaligen Zeit und wurde wohl von den Kindern übernommen.

Pennytoys ⇨ Englisch: Pfennigspielzeug. Billig-Spielzeug in Miniaturform, fast immer antriebslos. Wurde zeitgenössisch auch »Nürnberger Tand« genannt, obwohl diese Bezeichnung wesentlich älter ist. Pennytoys waren oft Werbegeschenke großer Kaufhäuser. Nürnberg war das Zentrum der Pennytoy-Hersteller, deren heute bekanntester die Firma Johann Philipp Meier ist, mit dem Warenzeichen eines stilisierten Eselskarrens. Pennytoys sind besonders in England sehr beliebt und werden hoch bezahlt.

Replikat (Replica/Replika) ⇨ Bezeichnung für den genauen Nachbau eines alten Stückes.

Russische Schaukel ⇨ Alte Bezeichnung für Jahrmarkts-Riesenrad. Häufig gebraucht in alten Spielzeugkatalogen.

Space-Objekte ⇨ Luna-Objekte.

Speisepumpe ⇨ Pumpe zum Nachfüllen von Kesselwasser bei Dampfmaschinen oder Dampflokomotiven. Bei teuren Modellen mit Funktion, bei elektrisch betriebenen »Dampf«-Lokomotiven imitiert angebracht.

Spur/Spurbreite/Spurweite ⇨ Bezeichnet das Maß zwischen den Schienenköpfen. Technisch falsch ist die ursprüngliche Spielbahn-Messung von Schienenkopfmitte zu Schienenkopfmitte.

Starkstrom ⇨ Noch bis 1927 wurden die elektrischen Spielbahnen meist mit Lichtstrom – direkt aus der Hausleitung – gespeist, unter Vorschaltung eines Lampenwiderstandes (Kohlefadenlampe). Wurde die Lokomotive von den Schienen genommen oder riß der Kohlefaden in der Birne, lag die volle Netzspannung auf der Schiene. Das war nicht ungefährlich. Änderung durch VDE-Vorschrift 1927: nur noch maximal 22 Volt für Spielzeugbetrieb.

Storchbein ⇨ Nürnberger Spezialität, spiritusbeheizte Lokomotive in kultivierter Billigbauart. Achsfolge 1 A = eine Antriebsachse mit einer Vorlaufachse. Das ergibt – mit einiger Fantasie – das Bild eines auf einem Bein stehenden Storches.

Tin plate ⇨ Die heute weltweit benutzte Bezeichnung für Blechspielzeug. Bedeutet eigentlich »verzinntes Blech« = Weißblech.

Trockenelement ⇨ Alte Bezeichnung für eine Batterie. Im Gegensatz zum »Naßelement«, der im Glasbehälter brodelnden Säure.

Überlack ⇨ Überzugslack, speziell bei Handlackierungen verwendet. Meist Spiritus-Kopalharz-Klarlack. Nach dem Aufbringen aller Beschriftungen und Zierlinien zu deren Schutz aufgetragen. Diese Bezeichnung ist nicht zu verwechseln mit »überlackiert«. Damit bezeichnet man eine artfremde Überstreichung eines Stückes mit anderer Farbe.

Unterlack ⇨ Bezeichnung für eine Grundierung. Wenn diese fehlt, blättert der Decklack meist großflächig ab, wie dies leider sehr oft bei handlackierten oder auch lithographierten Bing-Spielzeugen der Fall ist.

Uhrwerk ⇨ Federmotor zum Aufziehen. Dieser Begriff bezeichnet eigentlich das im Uhrenbau übliche Bandfederwerk. Im Spielzeugbau ist auch das Spiraldraht-Federwerk üblich, zum Beispiel bei Lehmann. Trotzdem wird allgemein der Begriff Uhrwerk benutzt. Englisch:»clockwork«, oder heute oft aus dem Amerikanischen:»wind-up«, Abkürzung »w/u«.

Verlappung/Verzapfung/Verlappungstechnik ⇨ Befestigung von Teilen mit Lasche und Öse, zum Beispiel zwischen Motorhaube und Fahrgastzelle beim Auto. Dieses Verfahren machte gemeinsam mit dem Lithographiedruck erst die Massenherstellung von Blechspielzeug möglich. Wegbereiter war Bing bereits vor der Jahrhundertwende.

Wackelzylinder ⇨ Oszillierender Zylinder.

Weißblech ⇨ Tin plate. Gegensatz dazu: Schwarzblech (Russisches Blech), Blech mit hohem Kohleanteil und somit dunkler Färbung. Auch im Spielzeugbau eingesetzt.

Zinnpest/Zinkpest ⇨ Beides Zerfallserscheinungen, wohl aber unterschiedlicher Herkunft. Zinkpest läßt Lokomotivkörper oder Modellautos und Eisenbahnräder aus Zinkdruckguß/Metallspritzguß zerfallen. Die Gründe liegen noch weitgehend im dunkeln. Auslöseprozeß soll die »unreine« Ansetzung einer Gußmischung sein. Anderen Quellen zufolge – und das ist eher wahrscheinlich – sind deutliche Temperaturunterschiede bei der Lagerung der auslösende Faktor. Zinn- oder Zinkpest ist nach heutigem Wissensstand irreparabel.

Bibliographie

Aufgeführt sind hier weiterführende marken- oder spartenspezifische Blechspielzeug-Fachliteratur, Katalognachdrucke, aber auch bereits historische und vergriffene Literatur mit seltenen Abbildungen oder besonderen Ausführungen. Die Sammlerkataloge mit Preisangaben sorgen für Markttransparenz, ohne jedoch verbindliche Aussagen über einen »Tagespreis« vorzuweisen.

Die Aufstellung kann nur als Anregung dienen und beschränkt sich – mit wenigen Ausnahmen – auf deutschsprachige Literatur.

Baecker, Carlernst; Haas, Dieter; Väterlein, Christian: *Die Anderen Nürnberger.* 7 Bände, Frankfurt/Main 1973 ff.

Baecker, Carlernst; Haas, Dieter; Jeanmaire, Claude; Väterlein, Christian: *Märklin. Technisches Spielzeug im Wandel der Zeit.* 15 Bände, Frankfurt/Main und Villigen/CH 1975 ff.

Baecker, Carlernst; Väterlein, Christian: *Die Anderen Württemberger. Vergessenes Blechspielzeug.* Frankfurt/Main 1982

Baecker, Carlernst; Wagner, Botho G.: *Blechspielzeug Eisenbahnen.* München/Augsburg 1990

Bangert, Alfred: *Altes Spielzeug – Begehrte Sammlerstücke aus zwei Jahrhunderten.* München 1981

ders.: *Altes Spielzeug – Eisenbahnen & Zubehör.* München 1981

Becher, Udo: *Auf kleinen Spuren.* Berlin/DDR 1970

ders.: *Als die Züge fahren lernten.* Düsseldorf 1979

Bossi, Marco: *Autohobby.* Ivrea/Italien, o. J.

Fournet, Jean-Claude: *Die Kunst der Modelleisenbahn. Die Sammlung Giansanti-Coluzzi und Fulgurex.* Zürich 1982

Huber, Rudger: *Blechspielzeug Autos-Motorräder.* München 1982

ders.: *Schuco.* Augsburg 1991

Jeanmaire-dit-Quartier, Claude: *Die weiten Spuren, Märklin.* Villigen/CH 1969

ders.: *Die Modellbahn unserer Großväter, Bing.* Villigen/CH 1972

ders.: *Die großen Nürnberger, Gebrüder Bing.* Villigen/CH 1974 ders.: *Spielzeug aus der Vorkriegszeit 1912-15, Bing.* Villigen/CH 1977

ders.: *Nürnberger Spielzeug, Jean Schoenner.* Villigen/CH 1977

ders.: *Metallspielwaren 1927-32, Bing.* Villigen /CH 1986

Kaiser, Wolf; Baecker, Carlernst: *Blechspielzeug – Dampfspielzeug.* München/Augsburg 1983

Levy, Allen: *Ein Jahrhundert Modelleisenbahnen.* London 1974

ders.: *The Great Toys of George Carette.* London 1975

Milet, Jacques; Forbes, Robert: *Toy Boats.* New York 1979

Ottenheimer, Peter: *Spielzeugautos 1890-1939. Die Peter-Ottenheimer-Sammlung.* Zürich 1984

Polaine, Reggie: *Spielzeugsoldaten. Die Geschichte von Hausser-Elastolin.* London 1978

Pressland, David: *Die Kunst des Blechspielzeugs.* London/Zürich 1976

Reder, Gustav: *Mit Uhrwerk, Dampf und Strom.* Düsseldorf 1970

Remise, Jac; Fondin, Jean: *The Golden Age of Toys.* Lausanne 1967

Richter, Rolf: *Ernst Plank,* Weinheim 1973

Stoffer, Alexander R.; Gonzenbach; Butz; Ganz; Wernli; Kink: *Schweizerische Spielzeugbahnen.* Goldach/CH 1984

Wagner, Botho; Baecker, Carlernst: *Blechspielzeug, Schiffe und Flugkörper.* Augsburg 1991

Wagner, Botho: *100 Jahre Modellbahnen.* Berlin 1992

ders.: *Roboter-Weltraumspielzeug.* Augsburg 1993

Walter, Gerhard G.: *Nürnberger Blechspielzeug Georg Kellermann & Co.* München/Augsburg 1991

Zusätzliche Preisinformationen bieten in jährlichen Ausgaben:

Koll's Preiskataloge: *Märklin-Eisenbahnen der Spurweite 00-/H0.* Bad Homburg

Schiffmann-Sammlerkataloge: *Eisenbahnen Nürnberger Hersteller und Märklin ab Spurweite 0.* Forchheim

Walter's Sammler-Katalog: *Märklin-Spielzeug aller Art und Doll/Nürnberg.* Leonberg

Eine gute Marktinformation bietet die bebilderte Angebotsliste »Hans-Willi Walter's Highlights«, die einmal im Quartal erscheint.

Bildnachweis

Titelseite
Oben: »Tenderlokomotive« von Märklin
Mitte links: Etagenkarussell von Hommola
Mitte rechts: »Auto-Onkel« von Lehmann
Unten: Bäderdampfer von Fleischmann

Rückseite
Bahnhof von Bing

Alle Umschlagfotos: Matthias Debes, Heusenstamm

Manfred Birkenfeld, Münster: Seite 98, 155, 211
Matthias Debes, Heusenstamm: Seite 21, 24, 26, 34, 36, 38,
    41, 42, 43, 45, 49, 62, 69, 70, 71, 75, 76, 80, 82, 86, 88, 93,
    101, 103, 106, 108, 109, 110, 113, 116, 122, 129, 130, 131,
    132, 133, 135 (links), 139, 151, 153, 157, 167, 169, 208, 209,
    220, 222
Wolf Kaiser, Bad Homburg: Seite 158
Heino König, Soyen: Seite 25, 44
Heinz Müller, Künzell: Seite 40, 84
Kurt Müller, München: Seite 94(oben), 188, 198, 210
Friedemann Popp, Heidelberg: Seite 15, 31 (links), 37 (oben),
    46, 112, 148, 150, 202

Weitere Abbildungen haben zur Verfügung gestellt:
Auktionshaus Lankes, Hof: Seite 61 (unten), 65, 115
Gebrüder Fleischmann, Nürnberg: Seite 54, 85, 94 (unten),
    149, 207
Ernst Paul Lehmann, Patentwerk, Nürnberg: Seite 90, 94
    (unten), 118, 120 (oben), 124, 171
Gebrüder Märklin & Cie. GmbH, Göppingen: Seite 10/11, 22,
    32/33, 52, 53, 66/67, 91 (oben), 96/97, 144, 161, 225, 236
Rolf Richter, Weinheimer Auktionshaus, Weinheim: Seite 5,
    136, 145 (oben), 226
Wilhelm Schröder GmbH & Co., Wilseco, Lüdenscheid: Sei-
    te 197
Sotheby's, Auktionshaus, London: Seite 100, 105
Spielzeugarchiv Alice & Botho G. Wagner, Obertshausen:
    Seite 17, 19, 27, 28, 29, 31 (rechts), 48, 56, 64, 91 (unten),
    92, 117, 120 (unten), 125, 127, 135 (rechts), 140, 147, 152,
    204, 215, 217, 219, 227
Trix-Mangold GmbH, Nürnberg: Seite 50
Verband der Deutschen Reeder, Hamburg (Fotos: Eva Maria
    Grosse und Klaus Hogardt): Seite 42, 145 (unten), 146, 213
Hans-Willi Walter, Spielzeug-Raritäten »Highlights«, Leon-
    berg: Seite 59, 60, 61 (oben), 63, 73, 74, 78, 123
ZAM, Zentrum für Außergewöhnliche Museen, Manfred
    Klauda, München: Seite 162, 164

Register

Axenstraßen-Tunnel *139*
Achterbahn 107, 141
Achtrad-Panzerspähwagen 153
Acustico-Auto 74
»Adler« *25*
»Aeroplane« 91
»Ajax« 119
Akku-Betrieb 31
Alps 102, 169
Aluminiumtöpfe 132
Amar Toys 169
Anfoe s. Foertner, Andreas
Anfoe/Trix 49
»Ängstliche Braut« 76
Anhalter Bahnhof 44
Anker-Steinbaukasten 159
Antriebsmodell 86
Apollo-Kapsel 102
Arnold, Karl GmbH 62, 68, 79, 81, 98 f., 102, 140, 147, 150, 154 f., 173
Arnold-Jeep 68
Autorennbahn 72
»Baby-Bugatti« 165
Badeanstalt 133
Bakelit 203
Bakelit-Gleisbett 51
Bandai 102, 169
Bassett-Lowke 47, 173, 175
Batteriefach 104
Baugröße I 28
Berg- und Talbahn 136
Bergbahn 141
»Bestrafter Boxer« 115
Betriebsmodell 87
Biller, Hans 56, 95, 102, 188
Biller-Bahn 56
Bing, Gebrüder, Bing-Werke AG 17, 28, 45, 64, 84, 91, 107, 111, 116, 132, 146, 163, 173 ff.
Blechbadezimmer *130*
Blechburg 137
Blechdrücken 16
Blechmöbel 131
Blechraketen 100
Blériot, Louis 91
Blériot-Typ 92
Blomer & Schüler 99
Bobbahn 141
Bochmann, Carl 40, 188
Bodenläufer *17*, 23
Bodenläufer-Schiffe 150
Boeing 98
Bolz, Lorenz 167
Bonnet (VB et Cie/VEBE) 119
Börse 194
Böschungsgleis 25
Boutiquen-Spielzeug 170

Brassington & Cooke 165
Brennspiritus 83
Brequet-Typ 92
Brummkreisel 167
Bub, Karl (KBN/KB/KB-BW) 64, 154, 174 f.
Bügeleisen *133*
»Burgstädter Metallbaukasten« 161
Buschow & Beck 134
CABO s. Bochmann, Carl
Cadillac 72
»Candidat« 68
Carette, Georges & Cie 34, 47, 60, 64, 84, 89, 91 f., 147, 175
Carrera/Neuhierl 73, 102
Celluloidpropeller 102
Centralstellwerk 41
Chaplin, Charlie 123
Charlie 74
China 24, 99
Chromatrop 110
Citroën 64
Citroën, André 165
Curvo 74
D-Katalog 184
Daiya 102
Dampfauto 65
Dampffeuerspritze 85
Dampfmotor 159
Dampftraktor 85
Dampfturbinenantrieb 107
Dampfwalze 85
De-Havilland-Comet 99
Deko-Blech 170, 198
Dinky-Modell 62, 206
Distler, Johann KG 62, 64, 116, 128, 176
Distler-Porsche 72
Dogcart 127
Doll & Co 39, 54, 64, 84, 88, 107, 176
Donald Duck 123
Doppeldecker-Modell 95
DORFAN s. Kraus & Co
Dornier DO X 177
Dornier-Verkehrsflugzeug (Günthermann) 93
Drehleiter *65*
Dreibeiner 83
Dreischwellen-Weißblech-schiene 25
Dressler 154
Droz, Pierre Jacquet 118
Dünnblech 19
Duro/Durolin 156
Dux, Markes & Co 65, 98, 102, 104, 176 f.
»Dux-Astroman« 104, 176

Dux-Autobaukasten 176
Dux-Kino 176
E 800 LMS (Märklin-Baurei-he) 200
Eberl, Hans 64, 188
»Echo« (Motorrad) 76
Edelstolz 156
Einfalt s. a. Technofix
Einfalt, Gebrüder (Technofix) 169, 188
Einfalt, Georg 141
Einfalt, Johann 141
Emmert 128
Episkop 110
Erbsenkanone 152
Ersatzstoffe 203
Etagenkarussell 88, 107
Eureka 165
Examico-Auto 74
Falk, Josef 84, 177
Fallschirmflieger 95
Fälschung 210
FANDOR s. Kraus & Co
Federwerk 19
Feldküche 154
Ferbedo (Fred Bethäuser) 165
Fex-Auto 74
»Fidelitas« 118
Fieseler-Modelle (Tipp & Co) 93
Filmprojektor 110
Fischer 64, 76, 116, 132
Fischertechnik 159 f.
Flachmänner 89
Flakgeschütz 153
Flammrohrkessel 31
Flaschner 136
Fleischmann, Gebrüder 40, 53, 55, 86, 147 ff., 176
Flickflack-Turner 119
»Fliegende Rakete« 102
»Fliegender Hamburger« *211*
Flugboot D0 X (Fleisch-mann) 93, *94*
Flugzeugträger 148
Focke-Wulf-Flugzeug (Märklin) 93
Foertner, Andreas 187
Format 68
Friedrichshafener Bahnhof 44
Fröha s. Frömter, Hans
Frömter, Hans 71, 156
Gama 62, 72, 81, 102, 121, 154
Gama-Mangold 73, 98, 188
Gaslampen 111
Geisterbahn 141
Generationenproblem 196
Gescha s. Schmidt, Gebrüder

»Gestiefelter Kater« 121
Gilbert 159
Gillischewski, Gustav 128
Gleichstromsystem 33
Gleis 24
Gnom-Auto 127
Gnom-Flugzeug 127
Gnom-Miniaturserie 95
Go-Kart 79
Göso s. Götz & Sohn
Götz, Christian & Sohn 14, 109, 154, 188
Grade-Eindecker 95
Grauschleier 218
Greppert & Kelch 76, 116, 188
Guckkasten 110
Gulbransson, Olaf 143
Gummimotor 90
Günthermann, Siegfried 62, 64, 68, 76, 102, 116, 121, 128, 178
Gußauto 206
Habi s. Biller, Hans
Halbketten-Zugmaschine 153
»Halloh« (Motorrad) 76
Hammerer & Kühlwein 95, 99, 128
Hammerwerk 88
Hartwig 156
»Hauptmann von Köpenick« 115
Hausser, Max & Otto (Elastolin) 65, 77, 151 f., 178
HB s. Hoch & Beckmann
Hehr-Replikat 212
Heimkinoprojektor 114
Heinkel-Modelle (Tipp & Co) 93, 95
Heißluftmotor 85, 109
Heißwasserausstoß 148
Hersteller-Katalog 206
Hess, Matthias J. L. 16, 22, 64, 128, 150, 178 f.
Hindenburg LZ 129 92
HK s. Hammerer & Kühlwein
Hoch & Beckmann 107
Hommola, Bernhard 107, 188
Horikawa 102, 169
Hornby, Frank 159
HPZ s. Prottengeier, Hans
Huber, E. 165
Hubschrauber 99
Hudson-Fähre 148
Huki s. Kienberger, Hubert
HWN s. Wimmer, Heinrich
Ikarus-Flieger 94
Ingenico-Auto 74
Issmayer, Joh. Anr. 22, 45, 144, 179

Japan 101, 168
Jep (Frankreich) 95
»Jimmy« (Arnold-Clown) 122
»Jolanda« 144
Joustra 72
Junkers (Märklin) 93
JU 52 (Märklin) 204
JU 87 (Märklin) 98
K.d.W.-Wagen 65
Käfer (VW) 65
Kaiseröl 41, 111
Kalinka-Tanzfigur 169
Kandelaber 41
Kanonenboot 146
Karussell 38
Kavallerie-Kaserne 138
KB-BW-Zeichen 175
Keim & Co 188
Kellermann, Georg & Co 65, 76, 79, 116, 128, 140, 154, 179
Kibri s. Kindler & Briel
Kienberger, Hubert 76, 79, 81, 128, 188
Kienel 156
Kindler & Briel (Kibri Spielwarenfabrik) 40, 51, 131, 134, 179 f.
Kinematograph 110
Kirmeswelt 106
Klassisches Blechspielzeug 197
Klauenkupplung 53
»Knatterbötchen« 148
Kochtöpfe 130
Kohle-Bogenlampe 111
Köhler, Georg 104, 116, 121, 188
Kohnstam, Moses 76, 126, 164
Kommando-Auto 74
Kompositionsguß 223
Kopalharz-Klarlack 221
Kraftlokomotive 31
Krakelee 219
Kraus & Co., Kraus-Fandor 27 f., 34, 180
Krauss Mohr & Co 84, 88, 188
Krauss, Wilhelm 89, 109
Kreuzungen 22
Krieg der Sterne 105
»Krokodil« 212, 225
Krone 132
Krupp-LKW 154
Kruse, Käthe 152, 174
Kunststoff 203
Lausbubengeschichten 143
Lego 160
Lehmann, Ernst Paul, Patentwerk 19, 64, 76, 95, 115, 127, 168, 180 f.

Lehrmittel 89
Leipziger Bahnhof 44
Letternmetall 223
Levy (Gely), Georg 76, 116, 128, 140
Leyla (Christian Friedrich Ley) 156
LGB-Bahn 181, 205
Liebmann 57
Lilienthal, Gustav 159
Lilienthal, Otto 91, 159
Liliput-Version 45
Lineol AG 65, 77, 151 f., 181
Lines Brothers/Triang 166
Linienschiff 146
Lithographie 17
Lithographiedruck 125, 174
Lockheed-Superconstellation 98
Löffler, M. 163
Lokomobil 23
Lokomobil, fahrbares 85
Lokomobil, stehendes 85
»Looping-Flieger« 95
»Loreley« 148
Lutz, Ludwig 17, 107, 118, 131, 137, 146, 181 f., 183
»Mac 700« 79
Margarine-Figuren 129
Maier, Johann 128
»Mandarin« 120
Manufaktur 16
Marbi-Kasten 160
Markenzeichen 211
Märklin & Cie, Gebrüder 17, 22, 33 f., 45, 48 f., 51, 55, 60, 62, 64, 68, 72, 84, 86, 88, 91 f., 98, 107, 118, 131, 134, 146 f., 159, 181 ff., 205, 208
Märklin, Theodor, Friedrich Wilhelm 182
Märklin-Plus 160
Markt für Blechspielzeug 196
»Mars« (Motorrad) 76
Marsfahrzeuge 102
Martin, Fernand 119
Marx 101
Masse 71
Massefiguren 155
Masudaya 102, 169
Maybach-Limousine 74
MB 110
ME 109 (Tipp & Co) 95
ME 110 (Tipp & Co) 95
Meccano 98, 159
Meier, Johann Philipp 127
Mercedes-Silberpfeil W 25 68
Metallbaukasten 158
Metalldrückbank 16, 83
Metalldrücker 16
Metallpuppenkopf 134

Mettoy 187
»Mignon«-Bahn 205
»Mignon«-Baukasten 161
Mimikry-Tarnanstrich 154
Minerva-Brustblattköpfe 135
»Minex«-Kasten 160
Mirakomot 74
Mittelleiter 26
Modellgleis 27
Moko s. Kohnstam, Moses
Mondreise 141
Montgolfiere 90
Moon-Rider-Rakete 101
Motodrill 74
MS s. Seidel
Müller & Kadeder 76, 188
Müller, Heinrich 186
Musikkreisel 167
Mystery-Antrieb 148
Mystery-Station 141
Nachbau 210
Nass-Element 31
Neuhierl, Josef 72 f., 154, 188
Niedermeier 140
Nomura 102, 169
Non-Stop-Kurvenbahn 109
Noris 114
Novelty Toy 115
Nürnberger Stil 18
Oberleitung 33
»OLAF« (Hochdecker) 95
»Opel-Kapitän« 68, 72
Originalkarton 104
Oszillierender Zylinder 24, 85
Panzer 152
Panzer(späh)wagen 68
Parseval-Luftschiff 92
»Pat und Patachon« 89
Patent-Auto 74
Paya 81, 214
Pennytoy 125
Pfeiffer 156
Pfennig-Spielzeug 126
Pferderennspiel 141
Plank, Ernst 22, 28, 33, 83 f., 89, 91, 109, 111, 114, 147, 185
Plaste 205
Plasticart 161
Plastikspielzeug 196, 202
Porsche 356, 176
Praxinoskop 110
Preiser, Paul 178
Preiskatalog 205
Preßmasse 57
»Primat« 68
Progressschienen 27
Prottengeier, Hans 74
Pseudomodellzeit 34
Pullman-Limousine 68

Puppenbadeanstalt 134
Puppenherd 132
Puppenküche 130
R & GN s. Rock & Graner
»Radiant« 99
Reformschienen 27
Reichsautobahn 72
Reichsbahnmodelle 34
Reil, Blechschmidt & Müller (Oro/Orobr) 64, 188
Replikat 210
Richter 159
Riesenrad 88
Roboter 102
Rock & Graner 17, 118, 131, 134, 137, 144, 185
Rock & Graner Nachfolger (R & GN) 185
Rodelbahn 89
Rogers, Buck 100
Rohrbach (Märklin) 93, .
Rohrseitz, Karl 167
Rollo-Autoserie 179
Rumpler-Typ 92
Russische Schaukel 107
Saalheimer & Strauss 77, 128
Sägewerksanlagen 89
Samba-Bus 72
Sammlertreffen 194
Sanitätskraftwagen 153
Schiene 24
Schienenkopf 26
Schiffschaukel 88
Schiffsdampfmaschine 85
Schlachtschiff 146
Schleifstein 88
Schmidt, Gebrüder 154, 188
Schneeschleuder 36
Schnurlaufrollen 87
Schoenner, Jean 17, 25, 34, 45, 84, 91, 145, 147, 185f.
Schöpfwerke 88
Schopper, Johann Georg 95
»Schreiber« 118
Schröder & Co, Wilhelm 86, 214
Schuco-Varianto-System 73
Schuco-Werke, vorm. Schreyer & Co 61, 73, 80, 98, 116, 122, 186 f.
Schwachstrom 41
Schwimmfigur 134
Schwimmspielzeug, magnetisches 119
Seidel 102
Seilbahn 89, 141
Selengleichrichter 33
Shanghai Toys Corp./New Toys 169

Silberpfeil 68
»Silver Racer« 79
Slotracing 73
»Socius 353« 77
Space-/Luna-Objekte 102
Spezialmarkt 194
Spielbahnen 23
Spielzeug-Nähmaschine 131
Spiralkurbelantrieb 70
Spiritus 218
Spiritusgas-Glühlichtlampe 111
Spiritusheizung 132
Spitzbart 144
Spur I 28
Spur 0 28
Spurweite 00 49
Spurweite 28
Stabil-Baukasten 176
Stabil-Walther 159
Städtische Feuerwehrstation 201
Staiger, Gebrüder 160, 204
Stampfwerk 88
Standard-Tankwagen 68
Staudt, Georg Leonhard 116, 131, 134, 137, 188
Stereographie 113
Stereoskop 110
Stock, Walter 64, 75, 116, 188
»Storchbein-Lokomotive« 30
Stratoclipper 98
Strenco s. Streng & Co
Strenco-Roboter 104
Streng & Co 102
Striebel, Gottfried 17, 131, 137
Stromlinien-Coupé 68
»Structator« 159
Studio-Auto 74
Stuka JU 87 98
Stuttgarter Hauptbahnhof 44
Tanker 207
Tanzfigur 122
Tanzmatrose 116
Tauchfigur 147
Tauschbörse 194
Technofix (Einfalt) 79 f., 99, 102, 116, 128, 136, 140, 169
Technofix s. a. Einfalt, Gebrüder
Tellurium 89
Thaumatrop 110
»Thermoplast« 205
Thoma, Ludwig 143
Tin-plate 19
Tipp & Co 65, 72, 76, 79, 81, 92, 95, 99, 154, 187

Tischbahnsystem 48
Toledo Metal Whell Co 166
Torpedoboot 146
Transmission 87
Tretauto 162
Trix Mangold GmbH 40,
   48f., 55, 160, 176, 187 f.
Tunnel 137
Tunnelbahn 141
U-Boot 147
Überschlagflieger 95
Überseedampfer 147
Ufo 102
Uhrwerk 19
UV-Lampe 215
Vakuummotor 85
»Vater und Sohn« 123
VB et Cie/VEBE s. Bonnet
VEDES 170
Verlappungstechnik 17,

125, 174
»Verleger« 126
Vickers-Viscount 99
Vielmetter, Philipp 119
Vogelform 91
Vorschaltwiderstand 32
Wackelzylinder s. Oszillie-
   render Zylinder
Wackelzylinderantrieb 24
Walther & Co 188
Waschwring-Maschine 135
Wasserwerk 137
Watt, James 83
Wechselstrombetrieb 32
Weichen 22
Weißblech 19
Weltraumstation 101
Wert 199
Wiederholz, Oskar 181
Wiking 63, 205

Wilesco s. Schröder & Co
Wimmer, Heinrich 79, 102,
   140, 188, 203
Windmühle 88
Windmühlen-Flieger 99
WK s. Krauss, Wilhelm
Wright, Orville 90
Wright, Wilbur 90
Wüco s. Wünnerlein & Co
Wünnerlein & Co 102, 128
Württemberger Stil 18
Yonezawa 169, 102
Zahnradbahn 141
Zahnradbahnhof 44
Zeotrop 110
Zeppelin-Luftschiff 92
Zeuke 57
Zinkdruckguß 206
Zinkpest 55
Zirkus 121